Larousse
de la
conjugación

Repartese el verbo en modos. el modo en tiempos. el tiempo en numeros. el numero en personas. El modo enel verbo: que Quintiliano llama calidad : es aquello por lo cual se distinguen ciertas maneras de significado enel verbo. Estos son cinco Indicativo imperatigo. optativo. subjunctivo. infinitivo.

Explicación de una lección
por Elio Antonio de **Nebrija**
y párrafo de la primera
Gramática Castellana,
publicada por él en Salamanca en el año 1492.
(Biblioteca Nacional. Madrid.)

Conjugación

por
RAMÓN Y FERNANDO GARCÍA-PELAYO Y GROSS
MICHELINE DURAND

10 000 verbos
90 conjugaciones

 Larousse

Ediciones Larousse Paseo de Gracia, 120. 08008 - Barcelona (España)
Valentín Gómez, 3530-1191 Buenos Aires - (Argentina)
Marsella 53. 06600 - México. D.F. (México)

© Ediciones Larousse España, 1989

ISBN 84-87227-00-7

PRÓLOGO

La supuesta facilidad de la gramática española no impide que muchos usuarios o aprendices de nuestra lengua encuentren con cierta frecuencia dificultades en el manejo de los verbos. Esta observación nos ha llevado a publicar el *Larousse de la conjugación*, libro de pequeño tamaño, pero rico en contenido, donde se trata la flexión verbal en toda su extensión. El objetivo esencial de esta obra consiste en servir de auxilio a la memoria, cuando ésta se ve asaltada por las dudas, constituyendo así un complemento de las gramáticas y diccionarios existentes en los cuales la conjugación no figura con todo el detalle requerido.

Dicho compendio contiene los conceptos básicos indispensables en la materia, haciendo hincapié en lo relativo a los tiempos, varios cuadros con los paradigmas de verbos regulares e irregulares y, finalmente, una lista superior a 10 000 verbos que van seguidos, cada uno, de un número correspondiente al modelo de su conjugación y que abarca no sólo los reseñados en el Diccionario de la Real Academia Española, sino también otros muchos corrientemente empleados, pero sin respaldo oficial, así como los pertenecientes a la terminología propia de ciencias y técnicas que han alcanzado gran desarrollo en los tiempos actuales.

En las últimas páginas figuran unos apéndices dedicados a los verbos defectivos, a los unipersonales y a aquellos que tienen participios irregulares. Se dan también unas nociones sumarias acerca de los tratamientos, con una referencia particular al *voseo*, modalidad bastante difundida por algunas áreas del continente americano.

Abrigamos la esperanza de que este *Larousse de la conjugación*, por su carácter didáctico, sea de gran utilidad, tanto en centros docentes como fuera de ellos, gracias a la contribución que aporta al empleo correcto de los distintos tiempos y personas del verbo, parte fundamental de la oración.

RAMÓN GARCÍA-PELAYO Y GROSS

ÍNDICE

EL VERBO

El *verbo* es la parte de la oración que expresa esencia, estado, acción o pasión, indicando generalmente el tiempo y la persona. Así, al decir *leo* o *leen* queremos significar que soy *yo* o son *ellos* quienes realizan la acción de *leer* en el momento presente. Análogas consideraciones pueden hacerse si la acción tuvo lugar en el pasado *(leía, leían, leí, leyeron)* o si se espera que ocurra en el futuro *(leeré, leeremos).*

El verbo expresa no sólo las tres posibilidades temporales (presente, pasado y futuro), sino que también indica si la acción está acabada o no. La oración gramatical necesita la existencia de un verbo, expreso o tácito, lo cual demuestra el papel fundamental que desempeña esta parte del discurso.

Clases de verbos según su significación

1. Verbo copulativo es el que sirve de lazo de unión entre el sujeto y el predicado nominal de una oración *(Juan ES colombiano; las aves SON animales vertebrados).*

2. Verbo predicativo es el que encierra la idea de un *predicado* (calidad y atributo) y siempre expresa un estado, acción o pasión. Se dividen estos verbos en dos grandes grupos : transitivos e intransitivos.

3. En el **verbo transitivo** la acción recae sobre una persona o cosa, expresa o tácita. El objeto que recibe directamente la acción se denomina *complemento directo (Juan leyó la CARTA).* Para conocer si un verbo es transitivo hay que preguntarse *qué* o *qué cosa* es el objeto de la acción. Por ejemplo, *amar* es un verbo transitivo ; en efecto, a la pregunta *¿ qué se ama ?* cabe responder *la Naturaleza, a Dios, a los hijos,* etc.

Dentro de los transitivos se incluyen los *nominales,* cuyo complemento directo es un nombre, y los *pronominales,* en los que esta función corresponde a un pronombre. Estos últimos se subdividen a su vez en reflexivos y recíprocos (ver 5 y 6).

4. En el **verbo intransitivo** la acción permanece en el sujeto y resulta completa sin necesidad de un objeto directo *(Kant NACIÓ, VIVIÓ y MURIÓ en Königsberg; María ENMUDECIÓ de terror).* Muchos verbos se usan como transitivos o como intransitivos, según los casos. Compárense las oraciones *el atleta corre* y *el atleta corre los cien metros lisos.*

Dentro de los intransitivos hay algunos verbos, escasos en castellano, llamados *verbos neutros* o *de estado.* Expresan éstos una situación duradera en el sujeto *(estar)* o bien que éste no interviene en la acción o sólo lo hace de modo poco activo *(vivir, existir, yacer, quedar,* etc.).

5. Verbo reflexivo es aquel cuya acción recae o se refleja sobre el mismo sujeto que la realiza *(yo* ME *lavo)*. El objeto se expresa mediante un pronombre personal *(me, te, se, nos, os, se)*. Existen verbos exclusivamente reflexivos *(atreverse, arrepentirse, quejarse,* etc.), mientras que otros muchos se utilizan también como verbos no reflexivos *(lavar* y *lavarse; dormir* y *dormirse,* etc.).

6. Verbo recíproco es el que tiene por sujeto agente a dos o más personas, cosas o animales que ejercen una acción sobre los otros, al mismo tiempo que la reciben de ellos *(Pedro y yo nos saludamos; los amigos se tutean).* A veces, para reforzar el matiz de reciprocidad, es necesario añadir ciertas locuciones ya que estos verbos se construyen, como los reflexivos, con los pronombres *nos, os* y *se.* Véanse los siguientes ejemplos : *los hermanos se ayudaban* ENTRE SÍ ; *los dos rivales se insultaron* RECÍPROCAMENTE.

Conjugación

Se denomina *conjugación* o *flexión* del verbo al conjunto de todas las formas que éste puede adoptar.

El verbo, parte de la oración que presenta más variaciones, consta de una *raíz* o *radical,* generalmente invariable, y de una *terminación* o *desinencia,* que cambia según los casos. En *am-o, am-amos, am-aban* se observan claramente estas dos secciones. Las modificaciones que el verbo sufre en su estructura denotan sus diferentes voces, modos, tiempos, números y personas, es decir, los denominados *accidentes.* Cabe considerar asimismo el *aspecto* o modo de presentarse la acción verbal.

1. La **voz** de un verbo indica si el sujeto es el que realiza la acción expresada o si es el que la recibe. En el primer caso se trata de la *voz activa (yo* AMO) y en el segundo de la *voz pasiva (yo* SOY AMADO).

La voz pasiva se construye con el verbo *ser* y, a veces, con *estar,* que por eso reciben el nombre de *auxiliares,* seguidos del participio del verbo que se conjuga. En castellano, en contraste con otras lenguas, se usa la forma activa más que la pasiva. La *voz pasiva refleja e impersonal,* cuyo empleo es cada vez más frecuente en sustitución de la construcción *ser + participio,* se forma con el verbo en 3ª persona, precedido de la partícula *se,* y el sujeto paciente ha de concordar con el verbo (SE *prohibe fumar,* SE *venden pisos).*

2. El **modo** verbal denota la actitud del hablante con respecto a lo que dice.

El *modo indicativo* enuncia el hecho de manera real y objetiva *(Pedro* ESTUDIA *medicina en la Facultad de Buenos Aires).*

El *modo subjuntivo* indica un hecho como subordinado a otro verbo que exprese deseo, temor, voluntad, suposición, etc. *(quiero que* VENGAS ; *temo que* LLUEVA).

El *modo potencial* presenta un hecho no como real, sino como posible, casi siempre dependiente de una condición *(si trabajaras más,* GANARÍAS *más dinero).* Los gramáticos consideran actualmente el potencial como un tiempo más del indicativo, llamado *condicional,* y no como un modo.

El *modo imperativo* se utiliza para formular órdenes, expresar un ruego, hacer una petición o dar un consejo (VENID *a las doce;* AMA *al prójimo).*

Además de los modos estudiados anteriormente, existen en la conjugación otras formas llamadas *no personales* o *infinitas,* sin desinencias de número y persona, que son el *infinitivo,* considerado como la forma sustantiva del verbo (AMAR *a Dios*), el *participio,* que equivale a un adjetivo *(libro* EDITADO *en México),* y el *gerundio,* con valor adverbial (*vino* CORRIENDO). El gran filólogo y gramático venezolano Andrés **Bello** (1781-1865) da a estas tres formas la denominación de *derivados verbales.*

3. El **tiempo** indica que la acción verbal se realiza en un momento *presente, pasado* (o *pretérito*) o *futuro.* Desde un punto de vista estructural, existen *tiempos simples,* formados por una sola palabra *(amo, amaremos),* y compuestos, con dos o más *(he amado, habremos sido amados).* Estos últimos, construidos con el auxiliar *haber* y el participio del verbo conjugado, añaden un aspecto perfectivo, es decir, expresan la acción como terminada.

Cada uno de los modos tratados en el apartado anterior contiene uno o varios tiempos, tal como se sintetiza en los siguientes cuadros, en los que se señalan conjuntamente la terminología de la Real Academia Española y la que propuso en el siglo XIX el gramático venezolano Andrés Bello, esta última muy extendida por los países americanos de lengua castellana.

Modos y tiempos

		Real Academia	Andrés Bello	Forma
Indicativo	tiempos simples	presente	presente	amo
		pret. imperfecto	copretérito	amaba
		pret. perfecto simple	pretérito	amé
		futuro	futuro	amaré
		condicional	pospretérito	amaría
	tiempos compuestos	pret. perfecto compuesto	antepresente	he amado
		pret. pluscuamperfecto	antecopretérito	había amado
		pret. anterior	antepretérito	hube amado
		futuro perfecto	antefuturo	habré amado
		condicional perfecto	antepospretérito	habría amado
Subjuntivo	tiempos simples	presente	presente	ame
		pret. imperfecto	pretérito	amara o amase
		futuro	futuro	amare
	tiempos compuestos	pret. perfecto	antepresente	haya amado
		pret. pluscuamperfecto	antepretérito	hubiera o hubiese amado
		futuro perfecto	antefuturo	hubiere amado
Imperativo	t. simple	presente	presente	ama, amad

Formas no personales

infinitivo	simple	amar
	compuesto	haber amado
gerundio	simple	amando
	compuesto	habiendo amado
participio		amado

4. Cada tiempo del verbo se compone de seis formas que corresponden a las tres **personas** gramaticales del **número** singular *(yo, tú, él)* y a las tres del plural *(nosotros, vosotros, ellos)*.

Estas tres personas indican quien o quienes realizan la acción del verbo. La primera *(yo, nosotros, nosotras)* señala quien o quienes hablan *(yo* como temprano), la segunda *(tú, vosotros, vosotras)* se refiere al interlocutor o a los interlocutores de la primera persona *(vosotros* tenéis que llevar a cabo el trabajo que os han encomendado) y la tercera *(él, ellos, ellas)* designa a aquellas personas de quienes se habla *(ellos* se reían descaradamente).

La flexión verbal castellana, al tener las desinencias de número y persona muy diferentes, hace en general innecesaria, salvo para dar mayor énfasis, la utilización de los pronombres personales *(yo, tú, nosotros, etc.)* antes de la forma verbal propiamente dicha.

Salvo en el pretérito perfecto simple, llamado, pretérito por Andrés Bello, las desinencias de número y persona son las siguientes :

	sing.	*pl.*
1ª pers.	- vocal	- mos
2ª pers.	- s	- is
3ª pers.	- vocal	- n

Las terminaciones del pretérito perfecto simple (pretérito) difieren bastante de las anteriores :

	sing.	*pl.*
1ª pers.	- vocal	- mos
2ª pers.	- ste	- steis
3ª pers.	- vocal	- ron

5. El **aspecto** de la acción verbal se refiere a la manera de considerar ésta, según que el significado propio del verbo denote un carácter instantáneo *(disparar, morir)*, durativo *(dormir)*, reiterativo *(machacar)*, perfectivo *(nacer)* o imperfectivo *(correr)*.

La utilización del tiempo verbal es asimismo esencial para la expresión del aspecto. Debe señalarse que todos los tiempos compuestos, más el pretérito perfecto simple, son perfectivos *(hemos comido; ayer hablé)*. Los demás tiempos simples son, en cambio, de carácter imperfectivo *(yo leo; Juan trabajaba en la mina)*. Cuando un verbo perfectivo de carácter instantáneo se presenta en tiempo imperfectivo adquiere un aspecto reiterativo *(el soldado disparaba tras la trinchera)*.

Ciertas perífrasis y locuciones verbales sirven para expresar diversos aspectos. Así, *ir a + infinitivo* denota un aspecto incoativo, es decir, indica el principio de la acción *(iré a comer dentro de poco a casa de mi hermana)*. Ir o *estar + gerundio* es la construcción usada para reflejar un aspecto progresivo o de duración *(le atropelló un automóvil cuando iba saliendo de la oficina; al no conciliar el sueño, estuvo leyendo la noche entera)*.

División de los verbos según su conjugación

Los verbos, según la conjugación que tengan, se dividen en regulares, irregulares, defectivos y unipersonales. Existen también los auxiliares, llamados así por la función que desempeñan en la formación de los tiempos compuestos y en la voz pasiva.

1. Verbos regulares son aquellos que, en cualquier tiempo o persona, no alteran la raíz o las desinencias propias del modelo a que pertenecen.

La conjugación española se divide en tres grupos, según que el infinitivo termine en *-ar, -er* o *-ir* (1ª, 2ª y 3ª conjugación). Más adelante se expondrán sistemáticamente todas las flexiones verbales de los paradigmas (modelos) de cada una de las conjugaciones : *amar, temer, partir.*

2. Verbos irregulares son aquellos en cuya conjugación aparecen alteraciones en la terminación, en la raíz o en ambas a la vez, si se comparan con los paradigmas de la conjugación a la que pertenecen. Así, la 1ª persona del singular del verbo *jugar* es JUEGO, en lugar de *jugo,* del verbo *salir* es SALGO, en lugar de *salo,* del verbo *ir* es VOY, etc.

Las irregularidades verbales, como se señalará más adelante en una serie de modelos, son de diversos tipos. En la última parte de este libro figura una lista alfabética de verbos castellanos, ya sean regulares o irregulares, seguidos de un número que remite al modelo correspondiente.

3. Verbos defectivos son los que presentan un cuadro flexivo incompleto, es decir, aquellos que no se emplean en todas las formas de la conjugación. Esto se debe al propio significado del verbo, que haría ilógico el uso de algunas formas o personas. Así, verbos como *atañer, acaecer, acontecer* o *concernir* sólo se conjugan en la tercera persona. Otras veces las limitaciones de uso obedecen a razones de índole fonética, ya que ciertas formas producirían un sonido desagradable (cacofonía). Éste es el caso de los verbos *agredir* y *abolir,* sólo usados en las formas en que la vocal *i* entra en la desinencia (*agredimos, agredía ; abolimos, abolía,* etc.).

4. Verbos unipersonales son los que solamente pueden usarse en el infinitivo y en la tercera persona del singular de todos los tiempos. Corresponden a fenómenos meteorológicos o de la naturaleza (*ayer llovió ; hoy ha nevado*). No obstante, sacados de su significado habitual, estos verbos pueden llevar sujetos y dejan de ser unipersonales (*amanecerán días de gloria ; anochecí en Buenos Aires*).

Otros verbos, pero sólo en casos muy especiales, pueden considerarse unipersonales. Citemos como ejemplos los de « ser », construido con expresiones de tiempo, salvo las horas (*es tarde ; es temprano*), « haber », si denota existencia (*había una gran multitud en el estadio*) o un hecho (*hubo peleas aquel día*), y « hacer », cuando expresa una contingencia climática (*hizo mucho calor*) o el paso del tiempo (*hace muchos años que no lo veo*).

5. Verbos auxiliares son los que sirven para la formación de los tiempos compuestos y de la voz pasiva. *Haber, ser* y *estar* son los más usados. No obstante, existen algunos otros verbos que, al encabezar una perífrasis verbal, pierden totalmente su significado propio y se convierten en verdaderos auxiliares. En los ejemplos siguientes : *vamos a trabajar seriamente, te lo tengo prometido, hace tiempo que vengo sospechando este hurto,* los verbos *ir, tener* y *venir* están lejos de su significado habitual y el simple análisis nos lleva a considerarlos como auxlllares.

Significado de los tiempos

El momento en que se realiza la acción verbal viene indicado por los tiempos, que pueden referirse al *presente, pretérito* o *futuro.*

Existen tiempos *absolutos,* en los que la acción se expresa en uno de esos momentos citados (presente, pretérito, futuro), y *relativos,* en los que se tiene en cuenta la relación de un hecho con otro, tomándose en este caso como referencia no el presente de la persona que habla, sino otro tiempo que aparezca en el discurso. También se habla de tiempos *perfectos,* en los que la acción se presenta como acabada, e *imperfectos,* en los que ésta continúa produciéndose.

A continuación se reseña el uso más corriente de los tiempos verbales castellanos y los diversos matices que éstos introducen en la oración.

MODO INDICATIVO

1. Presente. Es un tiempo absoluto que expresa coincidencia entre la acción y el momento en que se habla *(Juan lee la prensa).* Además de este uso fundamental, el presente de indicativo se emplea de diversos modos que se señalan seguidamente.

El *presente habitual* se refiere a actos discontinuos que pueden producirse o no en el momento de hablar, pero que han ocurrido antes y que lo harán después *(estudio medicina).*

El *presente histórico* se usa para la narración de hechos pasados, cuando el contexto no deja lugar a dudas acerca del momento en que tuvo lugar la acción *(el Imperio Romano, según la mayoría de los historiadores, desaparece en el año 395).* Este empleo es muy frecuente ya que proporciona extraordinaria vivacidad al relato.

El *presente con valor de futuro* se suele utilizar cuando se tiene la seguridad o la intención de llevar a cabo la acción verbal *(mañana salgo para Londres con objeto de ver a unos amigos).*

El *presente de mandato* hace las veces de imperativo *(mañana vas a la librería y compras un diccionario).*

El presente de indicativo es también el tiempo adecuado para enunciar las verdades intemporales *(el triángulo es un polígono de tres lados).*

2. Pretérito imperfecto. Es un tiempo relativo que expresa una acción pasada cuyo principio y fin no se tienen en cuenta. Posee una gran amplitud temporal y resulta por tanto muy útil en narraciones *(cuando amanecía, los pájaros empezaban a cantar).* La denominación de *copretérito,* debida a Andrés Bello, es muy acertada ya que este tiempo desempeña las mismas funciones que el presente,.pero en un momento pasado (pretérito coexistente) : *cuando terminó la guerra, las madres lloraban de alegría.*

El pretérito imperfecto se utiliza también para moderar cortésmente el rigor de las peticiones *(quería pedirte un favor)* y, en el habla coloquial, sustituye con frecuencia al condicional en las oraciones principales colocadas después de subordinadas que enuncian una hipótesis *(si me tocara la lotería, me iba de viaje a París,* en lugar de *iría).*

3. Pretérito perfecto simple y pretérito perfecto compuesto. Son tiempos del pasado que conviene estudiar conjuntamente por su carácter absoluto y su aspecto perfectivo. La diferencia fundamental existente entre ambos se halla en relación con la unidad de tiempo que se toma como referencia. El pretérito perfecto simple, llamado antes *pretérito indefinido,* se refiere a una unidad de tiempo ya concluida para el hablante *(ayer vi a Juan)* y el compuesto expresa en cambio una acción terminada en un período de tiempo que todavía es presente para el que formula la idea *(este año ha llovido mucho).* Se suelen confundir con bastante frecuencia estos matices y se hace un uso indistinto de estos dos tiempos verbales. A título orientativo, se recomienda el empleo del compuesto para las acciones que acaban de terminar *(he sentido mucho la muerte de tu padre)* y el simple cuando se refiere a una acción más lejana en el pasado *(sentí mucho la muerte de tu padre el verano pasado).* No obstante, los diferentes usos regionales en el amplio mundo de habla española han contribuido a invalidar prácticamente esta normativa. Obsérvese cuán frecuentemente los presentadores de televisión lanzan al aire expresiones del siguiente tenor : *vieron ustedes la retransmisión de la final de la Copa del Mundo.*

4. Pretérito pluscuamperfecto. Es un tiempo relativo que expresa la anterioridad de un hecho pasado con respecto a otro también pasado *(cuando llegué ya había muerto).*

5. Pretérito anterior. Es un tiempo relativo que expresa un hecho inmediatamente anterior a otro *(apenas hubo sonado el disparo, cuando llegó la policía).* Se diferencia del pluscuamperfecto en la proximidad de los hechos. Este tiempo verbal, que va siempre precedido de adverbios de tiempo (apenas, después que, tan pronto, en cuanto que, cuando, etc.), se usa muy poco y se suele sustituir por el pretérito perfecto simple o por el pluscuamperfecto, aunque esto acarree cierta pérdida de matices.

6. Futuro imperfecto. Es un tiempo absoluto que expresa una acción venidera *(vendré temprano mañana).*

Se utiliza también, en sustitución del imperativo, en las fórmulas de ruego y mandato *(amarás a Dios sobre todas las cosas)* e incluso para denotar una probabilidad *(supongo que sabrás la lección).*

7. Futuro perfecto. Es un tiempo relativo que expresa una acción venidera y acabada anterior a otra también futura *(cuando vengas a verle ya habrá terminado el trabajo).*

El *futuro de probabilidad* se refiere a una acción que se supone ha ocurrido en el pasado *(pienso que ya habrá terminado la función).*

8. Condicional. Es un tiempo relativo que expresa una acción futura en relación con el pasado *(la radio anunció que llovería).* El término de la acción queda totalmente indeterminado ya que, si se considera desde el momento presente, dicha acción ha podido completarse en el pasado, puede estar realizándose en el presente o tener lugar en el futuro.

Dado el carácter futuro de este tiempo, la acción expresada es siempre eventual o hipotética, por lo que recibe también el nombre de *futuro hipotético*. Su empleo más característico es precisamente en la oración principal después de una subordinada condicional *(si vinieras pronto, iríamos de paseo)*.

El condicional sirve además para expresar la probabilidad en el pasado *(serían las cuatro cuando se produjo el asesinato)* y en el futuro *(no sería raro que mañana lloviera)*. Este tiempo se usa asimismo para emitir ruegos y hacer peticiones de cortesía por ser de talante menos severo que el pretérito imperfecto *(yo querría pedirte un favor)*.

9. Condicional perfecto. Es un tiempo relativo para expresar una acción futura en relación con un pasado que se considera punto de partida. La diferencia esencial con respecto al condicional simple consiste en que la acción se presenta como terminada *(me dijo que cuando yo viniera ya habría terminado completamente su trabajo)*.

Del mismo modo que el condicional simple, este tiempo verbal se utiliza en la oración principal después de una subordinada condicional *(si hubieras estudiado más, habrías aprobado)*. Se usa también para expresar la probabilidad, aunque sólo en el pasado *(habrían dado las diez)* y como fórmula de cortesía *(yo habría querido ser más generoso)*.

MODO SUBJUNTIVO

Las relaciones temporales entre las distintas formas verbales del subjuntivo, debido al carácter de irrealidad que encierra este modo, son menos claras que en el indicativo, y lo mismo ocurre con la correspondencia entre los tiempos de estos dos modos. El indicativo tiene diez tiempos y el subjuntivo sólo seis, prácticamente reducidos a cuatro por el escaso empleo de los futuros.

Todos los tiempos del subjuntivo son relativos, de tal manera que la complejidad es aun mayor y, a veces, las relaciones de anterioridad, coexistencia y posterioridad se revelan harto aleatorias. A pesar de todo, a continuación se describe someramente el uso de aquéllos.

1. Presente. Es un tiempo relativo y de aspecto imperfectivo que expresa indistintamente una acción presente o futura *(no creo que lo conozcas; dudo que vengan antes de dos meses)*.

Debido a la capacidad de este tiempo para denotar una acción futura, es muy frecuente el uso del mismo para construir oraciones simples dubitativas *(tal vez venga mañana)*, optativas *(¡ojalá apruebe el examen!)* y exhortativas *(¡marchemos francamente por la senda constitucional!)*. Sirve también para expresar mandatos, por lo que se utiliza para sustituir a las personas inexistentes en el imperativo, que sólo posee la segunda del singular y del plural *(venga usted temprano; amemos a la patria)*, y para la formulación negativa de un ruego o una orden *(no rompáis la unidad nacional,* en lugar de *no romped)*.

2. Pretérito imperfecto. Es un tiempo relativo e imperfectivo usado para referirse a una acción pasada, presente o futura *(me rogaron que cuidara las plantas)*. Se diferencia del presente en que este último no puede expresar una acción pretérita. Suele depender de otro verbo en modo indicativo y en tiempos pretérito perfecto simple, pretérito imperfecto o condicional. Así, en el ejemplo anterior, el verbo principal podría haber sido *rogaban* o *rogarían*.

En las oraciones simples, el pretérito imperfecto de subjuntivo expresa, reforzados, los mismos matices (duda, deseo) que el presente *(quizá la mercancía resultara cara; ¡ojalá aprobara el examen!).*

3. Pretérito perfecto. Es un tiempo relativo y de aspecto perfectivo que expresa una acción acabada en un tiempo pasado o futuro. Suele depender de otro verbo en presente o en futuro de indicativo *(dudo que haya terminado; me alegraré de que lo haya terminado).*

4. Pretérito pluscuamperfecto. Es un tiempo relativo y perfectivo que expresa una acción pasada realizada en una unidad de tiempo ya terminada *(yo no sabía que hubieras terminado ya la carrera).* Corresponde al pluscuamperfecto de indicativo y al condicional compuesto.

5. Futuro y futuro perfecto. Son tiempos relativos que sirven para expresar una acción venidera posible. Han caído prácticamente en desuso y sólo se conservan en el lenguaje jurídico, habiéndose sustituido el primero en el habla corriente por los presentes de indicativo o de subjuntivo y el segundo por los pretéritos perfectos de indicativo o de subjuntivo. No obstante, persisten algunos dichos o proverbios antiguos en los que se utilizan aún estos tiempos *(donde quiera que fueres, haz lo que vieres).*

MODO IMPERATIVO

Presente. Es el único tiempo de este modo y sirve para expresar un mandato *(ve al mercado y compra fruta).* No posee más que dos formas propias, la segunda del singular *(acelera un poco el paso, por favor)* y la segunda del plural *(venid todos a comer a las dos en punto)* y las restantes ha de tomarlas del presente de subjuntivo *(tengan a bien presenciar el acto).* Ya se ha dicho como las órdenes formuladas en negativa han de recurrir también al presente de subjuntivo *(no rompáis la unidad nacional,* en vez de *romped).*

LA CONJUGACIÓN CASTELLANA

Como se ha indicado anteriormente, los verbos regulares castellanos pertenecen a tres tipos, según que la terminación del infinitivo sea -ar, -er o -ir. Antes de la conjugación de los tres modelos correspondientes figuran los cuadros de las formas pasiva y pronominal, así como los relativos a los auxiliares *haber* y *ser,* verbos irregulares usados el primero para formar los tiempos compuestos y el segundo para la voz pasiva. Tras estos cinco verbos aparecerá una serie de irregulares con características específicas y, a continuación, verbos que sufren modificaciones ortográficas o prosódicas, conjugados en su totalidad, los cuales sirven de modelo para todos los de la lista final cuyo número de referencia señala la conjugación que debe consultarse.

Las irregularidades verbales son en su conjunto el resultado de la acción de leyes fonéticas sobre todo el sistema de la lengua española. Conviene advertir que consideramos como irregularidades sólo aparentes a aquellas que no constituyen más que variantes puramente ortográficas. Así, *dirige* y *dirija; alzo alce; pago, pague; saco, saque,* etc.

Conjugación regular

Caracteres distintivos. El primer grupo de los verbos regulares, aquellos cuyo infinitivo termina en *-ar,* es sin duda el más numeroso de todos. Los verbos de nueva creación se adaptan a este paradigma, así como los que se forman por derivación mediante sufijo y terminan en *-ear (plantear), -ficar (plantificar), -izar (dramatizar)* o *-ntar (atragantar).*

Las segunda y tercera conjugación presentan una estabilidad mucho más reducida que la primera, con frecuente vacilación entre las terminaciones *-er* e *-ir,* fenómeno que se viene produciendo desde los orígenes del castellano.

Si se considera el vocalismo de la raíz verbal, es decir la penúltima sílaba del infinitivo, puede afirmarse que son regulares, aunque algunos requieran una acentuación prosódica, los verbos de la primera conjugación cuya raíz tiene una de las vocales *a, i* o *u* (excepto *andar* y *jugar*), los que tienen diptongo en la penúltima sílaba del infinitivo (*peinar, defraudar, inquietar, enviudar,* etc.) y los que terminan en *-aar, ear, -iar, -oar* y *-uar.* También son verbos regulares los de la tercera conjugación con diptongo en la penúltima sílaba del infinitivo (*aplaudir, persuadir, reunir,* etc.).

Como ya señalamos, existen unos verbos regulares fonéticamente, pero que, por razones ortográficas, presentan una irregularidad aparente en el lenguaje escrito. En el cuadro siguiente se enumeran estas modificaciones gráficas y, después de la conjugación de los verbos verdaderamente irregulares, figura la de aquellos que pueden servir de modelo para los que sufren estas variaciones ortográficas o prosódicas en ciertos tiempos y personas :

Conjugación	Terminación	Transformación	Circunstancia	Ejemplo
Primera	-car -gar -zar	c → qu g → gu z → c	delante de *e* delante de *e* delante de *e*	sacar pagar cazar
Segunda	-cer -ger -eer	c → z g → j i → y	delante de *a, o* delante de *a, o* entre dos vo- cales y sin acento tónico	mecer proteger poseer
Tercera	-cir -gir -guir -quir	c → z g → j u desaparece qu → c	delante de *a, o* delante de *a, o* delante de *a, o* delante de *a, o*	zurcir dirigir distinguir delinquir

Acentuación de los verbos terminados en *-iar.* Los verbos cuyo infinitivo termina en *-iar* se subdividen en dos grupos, según que acentúen o no la *i* en las personas del singular y en la tercera del plural de los tres presentes (indicativo, subjuntivo e imperativo). Véase la diferencia en el acento prosódico entre las formas *guío* (primer grupo) y *alivio* (segundo grupo). El verbo *guiar* sirve de modelo para los verbos que sufren esta alteración prosódica y figura en el cuadro que lleva el número 75.

He aquí la lista de los principales verbos que se conjugan de acuerdo con este modelo :

aliar	desataviar	jipiar
amnistiar	desaviar	liar
ampliar	descarriar	litografiar
arriar	desconfiar	malcriar
ataviar	desliar	mecanografiar
averiar	desvariar	ortografiar
aviar	desviar	piar
biografiar	enfriar	pipiar
cablegrafiar	enviar	porfiar
calcografiar	espiar	radiografiar
caligrafiar	esquiar	recriar
calofriarse	estriar	resfriar
cartografiar	expiar	rociar
ciar	extasiarse	serigrafiar
cinematografiar	extraviar	taquigrafiar
confiar	fiar	telegrafiar
contrariar	fotografiar	tipografiar
criar	fotolitografiar	variar
chirriar	hastiar	vigiar
desafiar	inventariar	xerografiar

Los demás verbos de la primera conjugación terminados en -*iar* tienen el acento prosódico en la sílaba que precede a la *i*. Es decir, no presentan ninguna anomalía, por lo que se adaptan totalmente al paradigma de la primera conjugación *(amar)* tal como figura más adelante en el modelo número 3.

Este subgrupo es mucho más numeroso que el anterior. A continuación ofrecemos una lista, no exhaustiva, de los principales verbos :

abreviar	desperdiciar	parodiar
acariciar	desquiciar	plagiar
agobiar	elogiar	potenciar
agraviar	enjuiciar	premiar
aliviar	ensuciar	presenciar
angustiar	enturbiar	promediar
anunciar	envidiar	pronunciar
apropiar	escanciar	rabiar
arreciar	evidenciar	radiar
asediar	expoliar	refugiar
atrofiar	fastidiar	remediar
auspiciar	incendiar	renunciar
beneficiar	iniciar	reverenciar
calumniar	injuriar	saciar
cambiar	licenciar	sentenciar
codifiar	lidiar	sitiar
comerciar	limpiar	tapiar
compendiar	maliciar	terciar
contagiar	mediar	testimoniar
copiar	negociar	vanagloriarse
denunciar	odiar	vendimiar
desahuciar	oficiar	viciar

Para algunos verbos se vacila entre la acentuación *-io* e *-ío*. A título de orientación, puede indicarse que la pronunciación *-io* es más frecuente en los verbos *afiliar* (afilio), *auxiliar* (auxilio), *conciliar, filiar* y *reconciliar*, mientras que el acento sobre la *i* parece tener preferencia en *ansiar* (ansío), *expatriar* (expatrío), *gloriar, repatriar* y *zurriar*.

Afinidad entre verbos terminados en *-iar* y en *-ear*. Existe una cierta afinidad entre los verbos terminados en *-iar* del segundo subgrupo (pronunciación *-io*) y aquellos otros que terminan en *-ear*. Esta afinidad se manifiesta sobre todo en el lenguaje popular de algunos territorios americanos, donde se ha producido una fusión más o menos completa de sus formas silábicas y acentuales. Así por ejemplo, en el habla de los gauchos argentinos, es bastante corriente el empleo del verbo *galopear* en formas tales como *galopiamos* o *galopiara*. Unos versos del Canto VI del célebre poema gauchesco *Martín Fierro*, del escritor argentino José HERNÁNDEZ (1834-1886), ilustran clara y perfectamente este uso dialectal :

> Y en medio de las aspas
> Un planazo le asenté
> Que lo largó CULEBRIANDO
> lo mismo que buscapié.

> Le COLORIARON las motas
> Con la sangre de la herida,
> Y volvió a venir jurioso
> Como una tigra parida.

Verbos terminados en *-uar*. Los verbos terminados en *-uar* se dividen, al igual que los acabados en *-iar*, en dos subgrupos, según se acentúe o no la *u* en las personas del singular y en la tercera del plural de los tres presentes (indicativo, subjuntivo e imperativo). Véase la diferencia entre *actúo* (primer grupo) y *averiguo* (segundo grupo). La conjugación del verbo *actuar* figura en el cuadro que lleva el número 76.

He aquí la lista de los principales verbos que se conjugan de acuerdo con este modelo en cuanto a localización del acento prosódico :

acensuar	efectuar	menstruar
acentuar	evaluar	perpetuar
atenuar	extenuar	puntuar
avaluar	fluctuar	redituar
continuar	graduar	revaluar
deshabituar	habituar	situar
desvirtuar	individuar	tatuar
devaluar	infatuar	usufructuar
discontinuar	insinuar	valuar

Los demás verbos de la primera conjugación y terminados en *-uar* llevan el acento prosódico en la sílaba que precede a la *u*. Se trata concretamente de aquellos verbos cuyo infinitivo termina en *-cuar* o *-guar*. Por lo tanto, no presentan anomalía prosódica alguna y se conjugan conforme al paradigma de la primera conjugación (*amar*, modelo número 3) o al verbo *averiguar* (número 77).

He aquí una lista con los principales verbos de este subgrupo :

adecuar	antiguar	desaguar
aguar	apaciguar	desmenguar
amaniguarse	apropincuarse	evacuar
amenguar	atestiguar	fraguar
amortiguar	atreguar	menguar
anticuar	averiguar	oblicuar

Cabe añadir que *licuar* y *promiscuar* admiten las dos pronunciaciones.

Conjugación irregular

La mayor parte de las irregularidades de la conjugación española afectan a la raíz verbal. Vamos a exponer las más corrientes en un cuadro sinóptico, aunque existen otras de carácter excepcional y de más difícil sistematización, como son los verbos con más de una raíz y las alteraciones que experimentan ciertos futuros, condicionales, participios y gerundios :

CLASES DE IRREGULARIDAD

Vocálica	debilitación	e → i	*pedir, pidió*
		o → u	*morir, murió*
	diptongación	e → ie	*querer, quiero*
		o → ue	*volver, vuelvo*
		i → ie	*inquirir, inquiero*
		u → ue	*jugar, juego*
Conso-nántica	sustitución de consonante		*hacer, haga; haber, haya*
	adición de consonante	a la consonante final de la raíz	*nacer, nazco; salir, salgo*
		a la última vocal de la raíz	*huir, huyo; oír, oye*
Mixta	sustitución	vocal + cons. por otra vocal y cons.	*decir, digo; caber, quepo*
	agregación	de -ig a la última vocal de la raíz	*oír, oigo; caer, caigo*

Existen dos verbos que tienen más de una raíz :

INFINITIVO	PRESENTE	PRET. IMP.	PRET. PERF. SIMPLE
ser	soy	era	fui
ir	voy	iba	fui

19

Algunos verbos pierden la *e* o la *i* (síncopa) de las terminaciones *-er* e *-ir* del infinitivo cuando entran en la formación de los tiempos futuro de indicativo y condicional :

INFINITIVO	FUTURO	CONDICIONAL
haber	habré	habría
caber	cabré	cabría
saber	sabré	sabría
poder	podré	podría

Transformaciones más complejas experimentan los siguientes verbos :

INFINITIVO	FUTURO	CONDICIONAL
hacer	haré	haría
querer	querré	querría
decir	diré	diría

Y otros interponen una *d* entre la última consonante de la raíz y la *r* del infinitivo :

INFINITIVO	FUTURO	CONDICIONAL
poner	pondré	pondría
tener	tendré	tendría
valer	valdré	valdría
salir	saldré	saldría
venir	vendré	vendría

Existen verbos regulares que tienen el participio irregular y otros que tienen dos participios, uno regular y otro irregular. En este caso, las terminaciones pueden ser *-cho* (hecho), *-jo* (fijo), *-so* (impreso) o *-to* (escrito). Las listas de estos verbos figuran en los apéndices III y IV.

En cuanto al gerundio, los verbos de irregularidad vocálica del tipo e → i y o → u, como *pedir* y *morir*, construyen esta forma por debilitación : *pidiendo, muriendo*. No existe otra irregularidad real en los gerundios, salvo las de los verbos *poder* y *venir* : *pudiendo, viniendo*.

Debemos consignar, por último, que en casi todos los casos la irregularidad no suele presentarse sola, sino asociada a otra u otras.

Después de estas consideraciones generales acerca de la regularidad e irregularidad de los verbos, figuran los modelos de los verbos auxiliares, regulares, irregulares o con modificaciones ortográficas y prosódicas, conjugados en su totalidad, los cuales van numerados y sirven para conjugar todos los que figuran en la lista alfabética que sigue y que tienen un número de referencia.

Estos modelos se exponen en voz activa, pero antes presentamos un verbo en voz pasiva *(amar)* y otro en conjugación pronominal *(lavarse)*.

Por razones tipográficas, y para una mejor sistematización de los cuadros, hemos prescindido de anteponer los pronombres personales en cada tiempo, cosa que además se revela generalmente innecesaria en castellano, salvo en algunos casos de ambigüedad o para añadir mayor énfasis. Estos pronombres son los siguientes :

1ª pers.	yo	nosotros
2ª pers.	tú	vosotros
3ª pers.	él, ella, ello	ellos, ellas

Modelos para la conjugación

Auxiliares

1 haber
2 ser

Verbos regulares

3 amar (modelo 1ª conjugación)
4 temer (modelo 2ª conjugación)
5 partir (modelo 3ª conjugación)

Verbos irregulares

6	pedir	*28*	erguir	*50*	caer
7	tañer	*29*	dormir	*51*	traer
8	teñir	*30*	adquirir	*52*	raer
9	bruñir	*31*	podrir	*53*	roer
10	reír	*32*	jugar	*54*	leer
11	acertar	*33*	hacer	*55*	ver
12	errar	*34*	yacer	*56*	dar
13	tender	*35*	parecer	*57*	estar
14	querer	*36*	nacer	*58*	ir
15	tener	*37*	conocer	*59*	andar
16	poner	*38*	lucir	*60*	trocar
17	discernir	*39*	conducir	*61*	colgar
18	venir	*40*	placer	*62*	agorar
19	sonar	*41*	asir	*63*	negar
20	desosar	*42*	salir	*64*	comenzar
21	volver	*43*	valer	*65*	avergonzar
22	moler	*44*	huir	*66*	satisfacer
23	cocer	*45*	oír	*67*	regir
24	oler	*46*	decir	*68*	seguir
25	mover	*47*	predecir	*69*	embaír
26	poder	*48*	caber	*70*	abolir
27	sentir	*49*	saber		

Verbos con modificaciones ortográficas o prosódicas

71	sacar	*78*	airar	*85*	zurcir
72	pagar	*79*	ahincar	*86*	dirigir
73	cazar	*80*	cabrahigar	*87*	distinguir
74	forzar	*81*	enraizar	*88*	delinquir
75	guiar	*82*	aullar	*89*	prohibir
76	actuar	*83*	mecer	*90*	reunir
77	averiguar	*84*	proteger		

Conjugación pasiva

Cada uno de los tiempos figura con la denominación de la Real Academia Española de la Lengua y, en la parte inferior, la postulada por Andrés Bello.

INDICATIVO

Presente (Bello : Presente)		**Pret. perf. comp.** (Bello : Antepresente)		
soy	amado	he	sido	amado
eres	amado	has	sido	amado
es	amado	ha	sido	amado
somos	amados	hemos	sido	amados
sois	amados	habéis	sido	amados
son	amados	han	sido	amados

Pret. imperf. (Bello : Copretérito)		**Pret. pluscuamp.** (Bello : Antecopretérito)		
era	amado	había	sido	amado
eras	amado	habías	sido	amado
era	amado	había	sido	amado
éramos	amados	habíamos	sido	amados
erais	amados	habíais	sido	amados
eran	amados	habían	sido	amados

Pret. perf. simple (Bello : Pretérito)		**Pret. anterior** (Bello : Antepretérito)		
fui	amado	hube	sido	amado
fuiste	amado	hubiste	sido	amado
fue	amado	hubo	sido	amado
fuimos	amados	hubimos	sido	amados
fuisteis	amados	hubisteis	sido	amados
fueron	amados	hubieron	sido	amados

Futuro (Bello : Futuro)		**Futuro perf.** (Bello : Antefuturo)		
seré	amado	habré	sido	amado
serás	amado	habrás	sido	amado
será	amado	habrá	sido	amado
seremos	amados	habremos	sido	amados
seréis	amados	habréis	sido	amados
serán	amados	habrán	sido	amados

Condicional (Bello : Pospretérito)		**Condicional perf.** (Bello : Antepospretérito)		
sería	amado	habría	sido	amado
serías	amado	habrías	sido	amado
sería	amado	habría	sido	amado
seríamos	amados	habríamos	sido	amados
seríais	amados	habríais	sido	amados
serían	amados	habrían	sido	amados

SUBJUNTIVO

Presente (Bello : Presente)		**Pret. perf.** (Bello : Antepresente)		
sea	amado	haya	sido	amado
seas	amado	hayas	sido	amado
sea	amado	haya	sido	amado
seamos	amados	hayamos	sido	amados
seáis	amados	hayáis	sido	amados
sean	amados	hayan	sido	amados

Pret. imperf. (Bello : Pretérito)		**Pret. pluscuamp.** (Bello : Antepretérito)		
fuera o fuese	amado	hubiera o hubiese	sido	amado
fueras o fueses	amado	hubieras o hubieses	sido	amado
fuera o fuese	amado	hubiera o hubiese	sido	amado
fuéramos o fuésemos	amados	hubiéramos o hubiésemos	sido	amados
fuerais o fueseis	amados	hubierais o hubieseis	sido	amados
fueran o fuesen	amados	hubieran o hubiesen	sido	amados

Futuro (Bello : Futuro)		**Futuro perf.** (Bello : Antefuturo)		
fuere	amado	hubiere	sido	amado
fueres	amado	hubieres	sido	amado
fuere	amado	hubiere	sido	amado
fuéremos	amados	hubiéremos	sido	amados
fuereis	amados	hubiereis	sido	amados
fueren	amados	hubieren	sido	amados

IMPERATIVO

Presente

sé	tú	amado
sea	él	amado
seamos	nosotros	amados
sed	vosotros	amados
sean	ellos	amados

FORMAS NO PERSONALES

Infinitivo ser amado	**Infinitivo compuesto** haber sido amado
Gerundio siendo amado	**Gerundio compuesto** habiendo sido amado
Participio sido amado	

Conjugación pronominal

—— INDICATIVO ——

Presente
(Bello : Presente)

me	lavo
te	lavas
se	lava
nos	lavamos
os	laváis
se	lavan

Pret. perf. comp.
(Bello : Antepresente)

me	he	lavado
te	has	lavado
se	ha	lavado
nos	hemos	lavado
os	habéis	lavado
se	han	lavado

Pret. imperf.
(Bello : Copretérito)

me	lavaba
te	lavabas
se	lavaba
nos	lavábamos
os	lavabais
se	lavaban

Pret. pluscuamp.
(Bello : Antecopretérito)

me	había	lavado
te	habías	lavado
se	había	lavado
nos	habíamos	lavado
os	habíais	lavado
se	habían	lavado

Pret. perf. simple
(Bello : Pretérito)

me	lavé
te	lavaste
se	lavó
nos	lavamos
os	lavasteis
se	lavaron

Pret. anterior
(Bello : Antepretérito)

me	hube	lavado
te	hubiste	lavado
se	hubo	lavado
nos	hubimos	lavado
os	hubisteis	lavado
se	hubieron	lavado

Futuro
(Bello : Futuro)

me	lavaré
te	lavarás
se	lavará
nos	lavaremos
os	lavaréis
se	lavarán

Futuro perf.
(Bello : Antefuturo)

me	habré	lavado
te	habrás	lavado
se	habrá	lavado
nos	habremos	lavado
os	habréis	lavado
se	habrán	lavado

Condicional
(Bello : Pospretérito)

me	lavaría
te	lavarías
se	lavaría
nos	lavaríamos
os	lavaríais
se	lavarían

Condicional perf.
(Bello : Antepospretérito)

me	habría	lavado
te	habrías	lavado
se	habría	lavado
nos	habríamos	lavado
os	habríais	lavado
se	habrían	lavado

—— SUBJUNTIVO ——

Presente
(Bello : Presente)

me	lave
te	laves
se	lave
nos	lavemos
os	lavéis
se	laven

Pret. perf.
(Bello : Antepresente)

me	haya	lavado
te	hayas	lavado
se	haya	lavado
nos	hayamos	lavado
os	hayáis	lavado
se	hayan	lavado

Pret. imperf.
(Bello : Pretérito)

me	lavara
o	lavase
te	lavaras
o	lavases
se	lavara
o	lavase
nos	laváramos
o	lavásemos
os	lavarais
o	lavaseis
se	lavaran
o	lavasen

Pret. pluscuamp.
(Bello : Antepretérito)

me	hubiera	
o	hubiese	lavado
te	hubieras	
o	hubieses	lavado
se	hubiera	
o	hubiese	lavado
nos	hubiéramos	
o	hubiésemos	lavado
os	hubierais	
o	hubieseis	lavado
se	hubieran	
o	hubiesen	lavado

Futuro
(Bello : Futuro)

me	lavare
te	lavares
se	lavare
nos	laváremos
os	lavareis
se	lavaren

Futuro perf.
(Bello : Antefuturo)

me	hubiere	lavado
te	hubieres	lavado
se	hubiere	lavado
nos	hubiéremos	lavado
os	hubiereis	lavado
se	hubieren	lavado

—— IMPERATIVO ——

Presente

lávate	tú
lávese	él
lavémonos	nosotros
lavaos	vosotros
lávense	ellos

—— FORMAS NO PERSONALES ——

Infinitivo	**Infinitivo compuesto**
lavarse	haberse lavado
Gerundio	**Gerundio compuesto**
lavándose	habiéndose lavado
Participio	
(no existe)	

1 haber *avéir*

── INDICATIVO ──

Presente (Bello : Presente)	Pret. perf. comp. (Bello : Antepresente)	
he	he	habido
has	has	habido
ha*	ha	habido
hemos	hemos	habido
habéis	habéis	habido
han	han	habido

j'ai eu (handwritten over "he ... habido")

Pret. imperf. (Bello : Copretérito)	Pret. pluscuamp. (Bello : Antecopretérito)	
había	había	habido
habías	habías	habido
había	había	habido
habíamos	habíamos	habido
habíais	habíais	habido
habían	habían	habido

j'avais (handwritten)

Pret. perf. simple (Bello : Pretérito)	Pret. anterior (Bello : Antepretérito)	
hube	hube	habido
hubiste	hubiste	habido
hubo	hubo	habido
hubimos	hubimos	habido
hubisteis	hubisteis	habido
hubieron	hubieron	habido

j'eus (handwritten)

Futuro (Bello : Futuro)	Futuro perf. (Bello : Antefuturo)	
habré	habré	habido
habrás	habrás	habido
habrá	habrá	habido
habremos	habremos	habido
habréis	habréis	habido
habrán	habrán	habido

Condicional (Bello : Pospretérito)	Condicional perf. (Bello : Antepospretérito)	
habría	habría	habido
habrías	habrías	habido
habría	habría	habido
habríamos	habríamos	habido
habríais	habríais	habido
habrían	habrían	habido

── SUBJUNTIVO ──

Presente (Bello : Presente)	Pret. perf. (Bello : Antepresente)	
haya	haya	habido
hayas	hayas	habido
haya	haya	habido
hayamos	hayamos	habido
hayáis	hayáis	habido
hayan	hayan	habido

Pret. imperf. (Bello : Pretérito)	Pret. pluscuamp. (Bello : Antepretérito)	
hubiera	hubiera	
o hubiese	o hubiese	habido
hubieras	hubieras	
o hubieses	o hubieses	habido
hubiera	hubiera	
o hubiese	o hubiese	habido
hubiéramos	hubiéramos	
o hubiésemos	o hubiésemos	habido
hubierais	hubierais	
o hubieseis	o hubieseis	habido
hubieran	hubieran	
o hubiesen	o hubiesen	habido

Futuro (Bello : Futuro)	Futuro perf. (Bello : Antefuturo)	
hubiere	hubiere	habido
hubieres	hubieres	habido
hubiere	hubiere	habido
hubiéremos	hubiéremos	habido
hubiereis	hubiereis	habido
hubieren	hubieren	habido

── IMPERATIVO ──

Presente

he	tú
haya	él
hayamos	nosotros
habed	vosotros
hayan	ellos

── FORMAS NO PERSONALES ──

Infinitivo	Infinitivo compuesto
haber	haber habido
Gerundio	**Gerundio compuesto**
habiendo	habiendo habido
Participio	
habido	

* Cuando este verbo se usa impersonalmente, la 3ª persona del singular es *hay*.

24

2 ser étuc

Presente (Bello : Presente)	Pret. perf. comp. (Bello : Antepresente)		Presente (Bello : Presente)	Pret. perf. (Bello : Antepresente)	
soy	he	sido	sea	haya	sido
eres	has	sido	seas	hayas	sido
es	ha	sido	sea	haya	sido
somos	hemos	sido	seamos	hayamos	sido
sois	habéis	sido	seáis	hayáis	sido
son	han	sido	sean	hayan	sido

Pret. imperf. (Bello : Copretérito)	Pret. pluscuamp. (Bello : Antecopretérito)		Pret. imperf. (Bello : Pretérito)	Pret. pluscuamp. (Bello : Antepretérito)	
era	había	sido	fuera	hubiera	
eras	habías	sido	o fuese	o hubiese	sido
era	había	sido	fueras	hubieras	
éramos	habíamos	sido	o fueses	o hubieses	sido
erais	habíais	sido	fuera	hubiera	
eran	habían	sido	o fuese	o hubiese	sido
			fuéramos	hubiéramos	
			o fuésemos	o hubiésemos	sido
			fuerais	hubierais	
			o fueseis	o hubieseis	sido
			fueran	hubieran	
			o fuesen	o hubiesen	sido

Pret. perf. simple (Bello : Pretérito)	Pret. anterior (Bello : Antepretérito)	
fui	hube	sido
fuiste	hubiste	sido
fue	hubo	sido
fuimos	hubimos	sido
fuisteis	hubisteis	sido
fueron	hubieron	sido

Futuro (Bello : Futuro)	Futuro perf. (Bello : Antefuturo)	
fuere	hubiere	sido
fueres	hubieres	sido
fuere	hubiere	sido
fuéremos	hubiéremos	sido
fuereis	hubiereis	sido
fueren	hubieren	sido

Futuro (Bello : Futuro)	Futuro perf. (Bello : Antefuturo)	
seré	habré	sido
serás	habrás	sido
será	habrá	sido
seremos	habremos	sido
seréis	habréis	sido
serán	habrán	sido

—— IMPERATIVO ——

Presente

sé	tú
sea	él
seamos	nosotros
sed	vosotros
sean	ellos

Condicional (Bello : Pospretérito)	Condicional perf. (Bello : Antepospretérito)	
sería	habría	sido
serías	habrías	sido
sería	habría	sido
seríamos	habríamos	sido
seríais	habríais	sido
serían	habrían	sido

—— FORMAS NO PERSONALES ——

Infinitivo	Infinitivo compuesto
ser	haber sido
Gerundio	**Gerundio compuesto**
siendo	habiendo sido
Participio	
sido	

25

3 amar

—— INDICATIVO ——

Presente (Bello : Presente)	Pret. perf. comp. (Bello : Antepresente)	
amo	he	amado
amas	has	amado
ama	ha	amado
amamos	hemos	amado
amáis	habéis	amado
aman	han	amado

Pret. imperf. (Bello : Copretérito)	Pret. pluscuamp. (Bello : Antecopretérito)	
amaba	había	amado
amabas	habías	amado
amaba	había	amado
amábamos	habíamos	amado
amabais	habíais	amado
amaban	habían	amado

Pret. perf. simple (Bello : Preterito)	Pret. anterior (Bello : Antepretérito)	
amé	hube	amado
amaste	hubiste	amado
amó	hubo	amado
amamos	hubimos	amado
amasteis	hubisteis	amado
amaron	hubieron	amado

Futuro (Bello : Futuro)	Futuro perf. (Bello : Antefuturo)	
amaré	habré	amado
amarás	habrás	amado
amará	habrá	amado
amaremos	habremos	amado
amaréis	habréis	amado
amarán	habrán	amado

Condicional (Bello : Pospretérito)	Condicional perf. (Bello : Antepospretérito)	
amaría	habría	amado
amarías	habrías	amado
amaría	habría	amado
amaríamos	habríamos	amado
amaríais	habríais	amado
amarían	habrían	amado

—— SUBJUNTIVO ——

Presente (Bello : Presente)	Pret. perf. (Bello : Antepresente)	
ame	haya	amado
ames	hayas	amado
ame	haya	amado
amemos	hayamos	amado
améis	hayáis	amado
amen	hayan	amado

Pret. imperf. (Bello : Pretérito)	Pret. pluscuamp. (Bello : Antepretérito)	
amara	hubiera	
o amase	o hubiese	amado
amaras	hubieras	
o amases	o hubieses	amado
amara	hubiera	
o amase	o hubiese	amado
amáramos	hubiéramos	
o amásemos	o hubiésemos	amado
amarais	hubierais	
o amaseis	o hubieseis	amado
amaran	hubieran	
o amasen	o hubiesen	amado

Futuro (Bello : Futuro)	Futuro perf. (Bello : Antefuturo)	
amare	hubiere	amado
amares	hubieres	amado
amare	hubiere	amado
amáremos	hubiéremos	amado
amareis	hubiereis	amado
amaren	hubieren	amado

—— IMPERATIVO ——

Presente

ama	tú
ame	él
amemos	nosotros
amad	vosotros
amen	ellos

—— FORMAS NO PERSONALES ——

Infinitivo	Infinitivo compuesto
amar	haber amado

Gerundio	Gerundio compuesto
amando	habiendo amado

Participio
amado

26

4 temer

──── INDICATIVO ────

Presente (Bello : Presente)	Pret. perf. comp. (Bello : Antepresente)	
temo	he	temido
temes	has	temido
teme	ha	temido
tememos	hemos	temido
teméis	habéis	temido
temen	han	temido

Pret. imperf. (Bello : Copretérito)	Pret. pluscuamp. (Bello : Antecopretérito)	
temía	había	temido
temías	habías	temido
temía	había	temido
temíamos	habíamos	temido
temíais	habíais	temido
temían	habían	temido

Pret. perf. simple (Bello : Pretérito)	Pret. anterior (Bello : Antepretérito)	
temí	hube	temido
temiste	hubiste	temido
temió	hubo	temido
temimos	hubimos	temido
temisteis	hubisteis	temido
temieron	hubieron	temido

Futuro (Bello : Futuro)	Futuro perf. (Bello : Antefuturo)	
temeré	habré	temido
temerás	habrás	temido
temerá	habrá	temido
temeremos	habremos	temido
temeréis	habréis	temido
temerán	habrán	temido

Condicional (Bello : Pospretérito)	Condicional perf. (Bello : Antepospretérito)	
temería	habría	temido
temerías	habrías	temido
temería	habría	temido
temeríamos	habríamos	temido
temeríais	habríais	temido
temerían	habrían	temido

──── SUBJUNTIVO ────

Presente (Bello : Presente)	Pret. perf. (Bello : Antepresente)	
tema	haya	temido
temas	hayas	temido
tema	haya	temido
temamos	hayamos	temido
temáis	hayáis	temido
teman	hayan	temido

Pret. imperf. (Bello : Pretérito)	Pret. pluscuamp. (Bello : Antepretérito)	
temiera	hubiera	
o temiese	o hubiese	temido
temieras	hubieras	
o temieses	o hubieses	temido
temiera	hubiera	
o temiese	o hubiese	temido
temiéramos	hubiéramos	
o temiésemos	o hubiésemos	temido
temierais	hubierais	
o temieseis	o hubieseis	temido
temieran	hubieran	
o temiesen	o hubiesen	temido

Futuro (Bello : Futuro)	Futuro perf. (Bello : Antefuturo)	
temiere	hubiere	temido
temieres	hubieres	temido
temiere	hubiere	temido
temiéremos	hubiéremos	temido
temiereis	hubiereis	temido
temieren	hubieren	temido

──── IMPERATIVO ────

Presente

teme	tú
tema	él
temamos	nosotros
temed	vosotros
teman	ellos

──── FORMAS NO PERSONALES ────

Infinitivo	Infinitivo compuesto
temer	haber temido
Gerundio	**Gerundio compuesto**
temiendo	habiendo temido
Participio	
temido	

27

5 partir

—— INDICATIVO ——

Presente (Bello : Presente)	Pret. perf. comp. (Bello : Antepresente)	
parto	he	partido
partes	has	partido
parte	ha	partido
partimos	hemos	partido
partís	habéis	partido
parten	han	partido

Pret. imperf. (Bello : Copretérito)	Pret. pluscuamp. (Bello : Antecopretérito)	
partía	había	partido
partías	habías	partido
partía	había	partido
partíamos	habíamos	partido
partíais	habíais	partido
partían	habían	partido

Pret. perf. simple (Bello : Pretérito)	Pret. anterior (Bello : Antepretérito)	
partí	hube	partido
partiste	hubiste	partido
partió	hubo	partido
partimos	hubimos	partido
partisteis	hubisteis	partido
partieron	hubieron	partido

Futuro (Bello : Futuro)	Futuro perf. (Bello : Antefuturo)	
partiré	habré	partido
partirás	habrás	partido
partirá	habrá	partido
partiremos	habremos	partido
partiréis	habréis	partido
partirán	habrán	partido

Condicional (Bello : Pospretérito)	Condicional perf. (Bello : Antepospretérito)	
partiría	habría	partido
partirías	habrías	partido
partiría	habría	partido
partiríamos	habríamos	partido
partiríais	habríais	partido
partirían	habrían	partido

—— SUBJUNTIVO ——

Presente (Bello : Presente)	Pret. perf. (Bello : Antepresente)	
parta	haya	partido
partas	hayas	partido
parta	haya	partido
partamos	hayamos	partido
partáis	hayáis	partido
partan	hayan	partido

Pret. imperf. (Bello : Pretérito)	Pret. pluscuamp. (Bello : Antepretérito)	
partiera	hubiera	
o partiese	o hubiese	partido
partieras	hubieras	
o partieses	o hubieses	partido
partiera	hubiera	
o partiese	o hubiese	partido
partiéramos	hubiéramos	
o partiésemos	o hubiésemos	partido
partierais	hubierais	
o partieseis	o hubieseis	partido
partieran	hubieran	
o partiesen	o hubiesen	partido

Futuro (Bello : Futuro)	Futuro perf. (Bello : Antefuturo)	
partiere	hubiere	partido
partieres	hubieres	partido
partiere	hubiere	partido
partiéremos	hubiéremos	partido
partiereis	hubiereis	partido
partieren	hubieren	partido

—— IMPERATIVO ——

Presente

parte	tú
parta	él
partamos	nosotros
partid	vosotros
partan	ellos

—— FORMAS NO PERSONALES ——

Infinitivo	Infinitivo compuesto
partir	haber partido
Gerundio	**Gerundio compuesto**
partiendo	habiendo partido
Participio	
partido	

6 pedir

Presente (Bello : Presente)	Pret. perf. comp. (Bello : Antepresente)	
pido	he	pedido
pides	has	pedido
pide	ha	pedido
pedimos	hemos	pedido
pedís	habéis	pedido
piden	han	pedido

Pret. imperf. (Bello : Copretérito)	Pret. pluscuamp. (Bello : Antecopretérito)	
pedía	había	pedido
pedías	habías	pedido
pedía	había	pedido
pedíamos	habíamos	pedido
pedíais	habíais	pedido
pedían	habían	pedido

Pret. perf simple (Bello : Pretérito)	Pret. anterior (Bello : Antepretérito)	
pedí	hube	pedido
pediste	hubiste	pedido
pidió	hubo	pedido
pedimos	hubimos	pedido
pedisteis	hubisteis	pedido
pidieron	hubieron	pedido

Futuro (Bello : Futuro)	Futuro perf. (Bello : Antefuturo)	
pediré	habré	pedido
pedirás	habrás	pedido
pedirá	habrá	pedido
pediremos	habremos	pedido
pediréis	habréis	pedido
pedirán	habrán	pedido

Condicional (Bello : Pospretérito)	Condicional perf. (Bello : Antepospretérito)	
pediría	habría	pedido
pedirías	habrías	pedido
pediría	habría	pedido
pediríamos	habríamos	pedido
pediríais	habríais	pedido
pedirían	habrían	pedido

SUBJUNTIVO

Presente (Bello : Presente)	Pret. perf. (Bello : Antepresente)	
pida	haya	pedido
pidas	hayas	pedido
pida	haya	pedido
pidamos	hayamos	pedido
pidáis	hayáis	pedido
pidan	hayan	pedido

Pret. imperf. (Bello : Pretérito)	Pret. pluscuamp. (Bello : Antepretérito)	
pidiera	hubiera	
o pidiese	o hubiese	pedido
pidieras	hubieras	
o pidieses	o hubieses	pedido
pidiera	hubiera	
o pidiese	o hubiese	pedido
pidiéramos	hubiéramos	
o pidiésemos	o hubiésemos	pedido
pidierais	hubierais	
o pidieseis	o hubieseis	pedido
pidieran	hubieran	
o pidiesen	o hubiesen	pedido

Futuro (Bello : Futuro)	Futuro perf. (Bello : Antefuturo)	
pidiere	hubiere	pedido
pidieres	hubieres	pedido
pidiere	hubiere	pedido
pidiéremos	hubiéremos	pedido
pidiereis	hubiereis	pedido
pidieren	hubieren	pedido

IMPERATIVO

Presente

pide	tú
pida	él
pidamos	nosotros
pedid	vosotros
pidan	ellos

FORMAS NO PERSONALES

Infinitivo	Infinitivo compuesto
pedir	haber pedido
Gerundio	**Gerundio compuesto**
pidiendo	habiendo pedido
Participio	
pedido	

7 tañer

—— INDICATIVO ——

Presente (Bello : Presente)	Pret. perf. comp. (Bello : Antepresente)	
taño	he	tañido
tañes	has	tañido
tañe	ha	tañido
tañemos	hemos	tañido
tañéis	habéis	tañido
tañen	han	tañido

Pret. imperf. (Bello : Copretérito)	Pret. pluscuamp. (Bello : Antecopretérito)	
tañía	había	tañido
tañías	habías	tañido
tañía	había	tañido
tañíamos	habíamos	tañido
tañíais	habíais	tañido
tañían	habían	tañido

Pret. perf. simple (Bello : Pretérito)	Pret. anterior (Bello : Antepretérito)	
tañí	hube	tañido
tañiste	hubiste	tañido
tañó	hubo	tañido
tañimos	hubimos	tañido
tañisteis	hubisteis	tañido
tañeron	hubieron	tañido

Futuro (Bello : Futuro)	Futuro perf. (Bello : Antefuturo)	
tañeré	habré	tañido
tañerás	habrás	tañido
tañerá	habrá	tañido
tañeremos	habremos	tañido
tañeréis	habréis	tañido
tañerán	habrán	tañido

Condicional (Bello : Pospretérito)	Condicional perf. (Bello : Antepospretérito)	
tañería	habría	tañido
tañerías	habrías	tañido
tañería	habría	tañido
tañeríamos	habríamos	tañido
tañeríais	habríais	tañido
tañerían	habrían	tañido

—— SUBJUNTIVO ——

Presente (Bello : Presente)	Pret. perf. (Bello : Antepresente)	
taña	haya	tañido
tañas	hayas	tañido
taña	haya	tañido
tañamos	hayamos	tañido
tañáis	hayáis	tañido
tañan	hayan	tañido

Pret. imperf. (Bello : Pretérito)	Pret. pluscuamp. (Bello : Antepretérito)	
tañera	hubiera	
o tañese	o hubiese	tañido
tañeras	hubieras	
o tañeses	o hubieses	tañido
tañera	hubiera	
o tañese	o hubiese	tañido
tañéramos	hubiéramos	
o tañésemos	o hubiésemos	tañido
tañerais	hubierais	
o tañeseis	o hubieseis	tañido
tañeran	hubieran	
o tañesen	o hubiesen	tañido

Futuro (Bello : Futuro)	Futuro perf. (Bello : Antefuturo)	
tañere	hubiere	tañido
tañeres	hubieres	tañido
tañere	hubiere	tañido
tañéremos	hubiéremos	tañido
tañereis	hubiereis	tañido
tañeren	hubieren	tañido

—— IMPERATIVO ——

Presente

tañe	tú
taña	él
tañamos	nosotros
tañed	vosotros
tañan	ellos

—— FORMAS NO PERSONALES ——

Infinitivo	Infinitivo compuesto
tañer	haber tañido
Gerundio	**Gerundio compuesto**
tañendo	habiendo tañido
Participio	
tañido	

8 teñir

—— INDICATIVO ——

Presente (Bello : Presente)	Pret. perf. comp. (Bello : Antepresente)	
tiño	he	teñido
tiñes	has	teñido
tiñe	ha	teñido
teñimos	hemos	teñido
teñís	habéis	teñido
tiñen	han	teñido

Pret. imperf. (Bello : Copretérito)	Pret. pluscuamp. (Bello : Antecopretérito)	
teñía	había	teñido
teñías	habías	teñido
teñía	había	teñido
teñíamos	habíamos	teñido
teñíais	habíais	teñido
teñían	habían	teñido

Pret. perf. simple (Bello : Pretérito)	Pret. anterior (Bello : Antepretérito)	
teñí	hube	teñido
teñiste	hubiste	teñido
tiñó	hubo	teñido
teñimos	hubimos	teñido
teñisteis	hubisteis	teñido
tiñeron	hubieron	teñido

Futuro (Bello : Futuro)	Futuro perf. (Bello : Antefuturo)	
teñiré	habré	teñido
teñirás	habrás	teñido
teñirá	habrá	teñido
teñiremos	habremos	teñido
teñiréis	habréis	teñido
teñirán	habrán	teñido

Condicional (Bello : Pospretérito)	Condicional perf. (Bello : Antepospretérito)	
teñiría	habría	teñido
teñirías	habrías	teñido
teñiría	habría	teñido
teñiríamos	habríamos	teñido
teñiríais	habríais	teñido
teñirían	habrían	teñido

—— SUBJUNTIVO ——

Presente (Bello : Presente)	Pret. perf. (Bello : Antepresente)	
tiña	haya	teñido
tiñas	hayas	teñido
tiña	haya	teñido
tiñamos	hayamos	teñido
tiñáis	hayáis	teñido
tiñan	hayan	teñido

Pret. imperf. (Bello : Pretérito)	Pret. pluscuamp. (Bello : Antepretérito)	
tiñera	hubiera	
o tiñese	o hubiese	teñido
tiñeras	hubieras	
o tiñeses	o hubieses	teñido
tiñera	hubiera	
o tiñese	o hubiese	teñido
tiñéramos	hubiéramos	
o tiñésemos	o hubiésemos	teñido
tiñerais	hubierais	
o tiñeseis	o hubieseis	teñido
tiñeran	hubieran	
o tiñesen	o hubiesen	teñido

Futuro (Bello : Futuro)	Futuro perf. (Bello : Antefuturo)	
tiñere	hubiere	teñido
tiñeres	hubieres	teñido
tiñere	hubiere	teñido
tiñéremos	hubiéremos	teñido
tiñereis	hubiereis	teñido
tiñeren	hubieren	teñido

—— IMPERATIVO ——

Presente

tiñe	tú
tiña	él
tiñamos	nosotros
teñid	vosotros
tiñan	ellos

—— FORMAS NO PERSONALES ——

Infinitivo	Infinitivo compuesto
teñir	haber teñido

Gerundio	Gerundio compuesto
tiñendo	habiendo teñido

Participio
teñido

9 bruñir

Presente
(Bello : Presente)

bruño
bruñes
bruñe
bruñimos
bruñís
bruñen

Pret. perf. comp.
(Bello : Antepresente)

he bruñido
has bruñido
ha bruñido
hemos bruñido
habéis bruñido
han bruñido

Pret. imperf.
(Bello : Copretérito)

bruñía
bruñías
bruñía
bruñíamos
bruñíais
bruñían

Pret. pluscuamp.
(Bello : Antecopretérito)

había bruñido
habías bruñido
había bruñido
habíamos bruñido
habíais bruñido
habían bruñido

Pret. perf. simple
(Bello : Pretérito)

bruñí
bruñiste
bruñó
bruñimos
bruñisteis
bruñeron

Pret. anterior
(Bello : Antepretérito)

hube bruñido
hubiste bruñido
hubo bruñido
hubimos bruñido
hubisteis bruñido
hubieron bruñido

Futuro
(Bello : Futuro)

bruñiré
bruñirás
bruñirá
bruñiremos
bruñiréis
bruñirán

Futuro perf.
(Bello : Antefuturo)

habré bruñido
habrás bruñido
habrá bruñido
habremos bruñido
habréis bruñido
habrán bruñido

Condicional
(Bello : Pospretérito)

bruñiría
bruñirías
bruñiría
bruñiríamos
bruñiríais
bruñirían

Condicional perf.
(Bello : Antepospretérito)

habría bruñido
habrías bruñido
habría bruñido
habríamos bruñido
habríais bruñido
habrían bruñido

SUBJUNTIVO

Presente
(Bello : Presente)

bruña
bruñas
bruña
bruñamos
bruñáis
bruñan

Pret. perf.
(Bello : Antepresente)

haya bruñido
hayas bruñido
haya bruñido
hayamos bruñido
hayáis bruñido
hayan bruñido

Pret. imperf.
(Bello : Pretérito)

bruñera
o bruñese
bruñeras
o bruñeses
bruñera
o bruñese
bruñéramos
o bruñésemos
bruñerais
o bruñeseis
bruñeran
o bruñesen

Pret. pluscuamp.
(Bello : Antepretérito)

hubiera
o hubiese bruñido
hubieras
o hubieses bruñido
hubiera
o hubiese bruñido
hubiéramos
o hubiésemos bruñido
hubierais
o hubieseis bruñido
hubieran
o hubiesen bruñido

Futuro
(Bello : Futuro)

bruñere
bruñeres
bruñere
bruñéremos
bruñereis
bruñeren

Futuro perf.
(Bello : Antefuturo)

hubiere bruñido
hubieres bruñido
hubiere bruñido
hubiéremos bruñido
hubiereis bruñido
hubieren bruñido

IMPERATIVO

Presente

bruñe tú
bruña él
bruñamos nosotros
bruñid vosotros
bruñan ellos

FORMAS NO PERSONALES

Infinitivo
bruñir

Infinitivo compuesto
haber bruñido

Gerundio
bruñendo

Gerundio compuesto
habiendo bruñido

Participio
bruñido

10 reír

Presente (Bello : Presente)	Pret. perf. comp. (Bello : Antepresente)		Presente (Bello : Presente)	Pret. perf. (Bello : Antepresente)	
río	he	reído	ría	haya	reído
ríes	has	reído	rías	hayas	reído
ríe	ha	reído	ría	haya	reído
reímos	hemos	reído	riamos	hayamos	reído
reís	habéis	reído	riáis	hayáis	reído
ríen	han	reído	rían	hayan	reído

Pret. imperf. (Bello : Copretérito)	Pret. pluscuamp. (Bello : Antecopretérito)		Pret. imperf. (Bello : Pretérito)	Pret. pluscuamp. (Bello : Antepretérito)	
reía	había	reído	riera	hubiera	
reías	habías	reído	o riese	o hubiese	reído
reía	había	reído	rieras	hubieras	
reíamos	habíamos	reído	o rieses	o hubieses	reído
reíais	habíais	reído	riera	hubiera	
reían	habían	reído	o riese	o hubiese	reído
			riéramos	hubiéramos	
			o riésemos	o hubiésemos	reído
			rierais	hubierais	
			o rieseis	o hubieseis	reído
			rieran	hubieran	
			o riesen	o hubiesen	reído

Pret. perf. simple (Bello : Pretérito)	Pret. anterior (Bello : Antepretérito)	
reí	hube	reído
reíste	hubiste	reído
rió	hubo	reído
reímos	hubimos	reído
reísteis	hubisteis	reído
rieron	hubieron	reído

Futuro (Bello : Futuro)	Futuro perf. (Bello : Antefuturo)	
riere	hubiere	reído
rieres	hubieres	reído
riere	hubiere	reído
riéremos	hubiéremos	reído
riereis	hubiereis	reído
rieren	hubieren	reído

Futuro (Bello : Futuro)	Futuro perf. (Bello : Antefuturo)	
reiré	habré	reído
reirás	habrás	reído
reirá	habrá	reído
reiremos	habremos	reído
reiréis	habréis	reído
reirán	habrán	reído

Presente	
ríe	tú
ría	él
riamos	nosotros
reíd	vosotros
rían	ellos

Condicional (Bello : Pospretérito)	Condicional perf. (Bello : Antepospretérito)	
reiría	habría	reído
reirías	habrías	reído
reiría	habría	reído
reiríamos	habríamos	reído
reiríais	habríais	reído
reirían	habrían	reído

Infinitivo	Infinitivo compuesto
reír	haber reído
Gerundio	Gerundio compuesto
riendo	habiendo reído
Participio	
reído	

11 acertar

Presente (Bello : Presente)	Pret. perf. comp. (Bello : Antepresente)		Presente (Bello : Presente)	Pret. perf. (Bello : Antepresente)	
acierto	he	acertado	acierte	haya	acertado
aciertas	has	acertado	aciertes	hayas	acertado
acierta	ha	acertado	acierte	haya	acertado
acertamos	hemos	acertado	acertemos	hayamos	acertado
acertáis	habéis	acertado	acertéis	hayáis	acertado
aciertan	han	acertado	acierten	hayan	acertado

Pret. imperf. (Bello : Copretérito)	Pret. pluscuamp. (Bello : Antecopretérito)		Pret. imperf. (Bello : Pretérito)	Pret. pluscuamp. (Bello : Antepretérito)	
acertaba	había	acertado	acertara	hublera	
acertabas	habías	acertado	o acertase	o hubiese	acertado
acertaba	había	acertado	acertaras	hubieras	
acertábamos	habíamos	acertado	o acertases	o hubieses	acertado
acertabais	habíais	acertado	acertara	hubiera	
acertaban	habían	acertado	o acertase	o hubiese	acertado
			acertáramos	hubiéramos	
			o acertásemos	o hubiésemos	acertado
			acertarais	hubierais	
			o acertaseis	o hubieseis	acertado
			acertaran	hubieran	
			o acertasen	o hubiesen	acertado

Pret. perf. simple (Bello : Pretérito)	Pret. anterior (Bello : Antepretérito)	
acerté	hube	acertado
acertaste	hubiste	acertado
acertó	hubo	acertado
acertamos	hubimos	acertado
acertasteis	hubisteis	acertado
acertaron	hubieron	acertado

Futuro (Bello : Futuro)	Futuro perf. (Bello : Antefuturo)	
acertare	hubiere	acertado
acertares	hubieres	acertado
acertare	hubiere	acertado
acertáremos	hubiéremos	acertado
acertareis	hubiereis	acertado
acertaren	hubieren	acertado

Futuro (Bello : Futuro)	Futuro perf. (Bello : Antefuturo)	
acertaré	habré	acertado
acertarás	habrás	acertado
acertará	habrá	acertado
acertaremos	habremos	acertado
acertaréis	habréis	acertado
acertarán	habrán	acertado

Presente

acierta	tú
acierte	él
acertemos	nosotros
acertad	vosotros
acierten	ellos

Condicional (Bello : Pospretérito)	Condicional perf. (Bello : Antepospretérito)	
acertaría	habría	acertado
acertarías	habrías	acertado
acertaría	habría	acertado
acertaríamos	habríamos	acertado
acertaríais	habríais	acertado
acertarían	habrían	acertado

Infinitivo acertar	Infinitivo compuesto haber acertado
Gerundio acertando	Gerundio compuesto habiendo acertado
Participio acertado	

34

12 errar

INDICATIVO

Presente (Bello : Presente)	Pret. perf. comp. (Bello : Antepresente)	
yerro	he	errado
yerras	has	errado
yerra	ha	errado
erramos	hemos	errado
erráis	habéis	errado
yerran	han	errado

Pret. imperf. (Bello : Copretérito)	Pret. pluscuamp. (Bello : Antecopretérito)	
erraba	había	errado
errabas	habías	errado
erraba	había	errado
errábamos	habíamos	errado
errabais	habíais	errado
erraban	habían	errado

Pret. perf. simple (Bello : Pretérito)	Pret. anterior (Bello : Antepretérito)	
erré	hube	errado
erraste	hubiste	errado
erró	hubo	errado
erramos	hubimos	errado
errasteis	hubisteis	errado
erraron	hubieron	errado

Futuro (Bello : Futuro)	Futuro perf. (Bello : Antefuturo)	
erraré	habré	errado
errarás	habrás	errado
errará	habrá	errado
erraremos	habremos	errado
erraréis	habréis	errado
errarán	habrán	errado

Condicional (Bello : Pospretérito)	Condicional perf. (Bello : Antepospretérito)	
erraría	habría	errado
errarías	habrías	errado
erraría	habría	errado
erraríamos	habríamos	errado
erraríais	habríais	errado
errarían	habrían	errado

SUBJUNTIVO

Presente (Bello : Presente)	Pret. perf. (Bello : Antepresente)	
yerre	haya	errado
yerres	hayas	errado
yerre	haya	errado
erremos	hayamos	errado
erréis	hayáis	errado
yerren	hayan	errado

Pret. imperf. (Bello : Pretérito)	Pret. pluscuamp. (Bello : Antepretérito)	
errara	hubiera	
o errase	o hubiese	errado
erraras	hubieras	
o errases	o hubieses	errado
errara	hubiera	
o errase	o hubiese	errado
erráramos	hubiéramos	
o errásemos	o hubiésemos	errado
errarais	hubierais	
o erraseis	o hubieseis	errado
erraran	hubieran	
o errasen	o hubiesen	errado

Futuro (Bello : Futuro)	Futuro perf. (Bello : Antefuturo)	
errare	hubiere	errado
errares	hubieres	errado
errare	hubiere	errado
erráremos	hubiéremos	errado
errareis	hubiereis	errado
erraren	hubieren	errado

IMPERATIVO

Presente	
yerra	tú
yerre	él
erremos	nosotros
errad	vosotros
yerren	ellos

FORMAS NO PERSONALES

Infinitivo	Infinitivo compuesto
errar	haber errado
Gerundio	Gerundio compuesto
errando	habiendo errado
Participio	
errado	

13 tender

Presente (Bello : Presente)	Pret. perf. comp. (Bello : Antepresente)	
tiendo	he	tendido
tiendes	has	tendido
tiende	ha	tendido
tendemos	hemos	tendido
tendéis	habéis	tendido
tienden	han	tendido

Pret. imperf. (Bello : Copretérito)	Pret. pluscuamp. (Bello : Antecopretérito)	
tendía	había	tendido
tendías	habías	tendido
tendía	había	tendido
tendíamos	habíamos	tendido
tendíais	habíais	tendido
tendían	habían	tendido

Pret. perf. simple (Bello : Pretérito)	Pret. anterior (Bello : Antepretérito)	
tendí	hube	tendido
tendiste	hubiste	tendido
tendió	hubo	tendido
tendimos	hubimos	tendido
tendisteis	hubisteis	tendido
tendieron	hubieron	tendido

Futuro (Bello : Futuro)	Futuro perf. (Bello : Antefuturo)	
tenderé	habré	tendido
tenderás	habrás	tendido
tenderá	habrá	tendido
tenderemos	habremos	tendido
tenderéis	habréis	tendido
tenderán	habrán	tendido

Condicional (Bello : Pospretérito)	Condicional perf. (Bello : Antepospretérito)	
tendería	habría	tendido
tenderías	habrías	tendido
tendería	habría	tendido
tenderíamos	habríamos	tendido
tenderíais	habríais	tendido
tenderían	habrían	tendido

Presente (Bello : Presente)	Pret. perf. (Bello : Antepresente)	
tienda	haya	tendido
tiendas	hayas	tendido
tienda	haya	tendido
tendamos	hayamos	tendido
tendáis	hayáis	tendido
tiendan	hayan	tendido

Pret. imperf. (Bello : Pretérito)	Pret. pluscuamp. (Bello : Antepretérito)	
tendiera	hubiera	
o tendiese	o hubiese	tendido
tendieras	hubieras	
o tendieses	o hubieses	tendido
tendiera	hubiera	
o tendiese	o hubiese	tendido
tendiéramos	hubiéramos	
o tendiésemos	o hubiésemos	tendido
tendierais	hubierais	
o tendieseis	o hubieseis	tendido
tendieran	hubieran	
o tendiesen	o hubiesen	tendido

Futuro (Bello : Futuro)	Futuro perf. (Bello : Antefuturo)	
tendiere	hubiere	tendido
tendieres	hubieres	tendido
tendiere	hubiere	tendido
tendiéremos	hubiéremos	tendido
tendiereis	hubiereis	tendido
tendieren	hubieren	tendido

Presente

tiende	tú
tienda	él
tendamos	nosotros
tended	vosotros
tiendan	ellos

Infinitivo	Infinitivo compuesto
tender	haber tendido
Gerundio	**Gerundio compuesto**
tendiendo	habiendo tendido
Participio	
tendido	

14 querer

___ INDICATIVO ___

Presente (Bello : Presente)	Pret. perf. comp. (Bello : Antepresente)	
quiero	he	querido
quieres	has	querido
quiere	ha	querido
queremos	hemos	querido
queréis	habéis	querido
quieren	han	querido

Pret. imperf. (Bello : Copretérito)	Pret. pluscuamp. (Bello : Antecopretérito)	
quería	había	querido
querías	habías	querido
quería	había	querido
queríamos	habíamos	querido
queríais	habíais	querido
querían	habían	querido

Pret. perf. simple (Bello : Pretérito)	Pret. anterior (Bello : Antepretérito)	
quise	hube	querido
quisiste	hubiste	querido
quiso	hubo	querido
quisimos	hubimos	querido
quisisteis	hubisteis	querido
quisieron	hubieron	querido

Futuro (Bello : Futuro)	Futuro perf. (Bello : Antefuturo)	
querré	habré	querido
querrás	habrás	querido
querrá	habrá	querido
querremos	habremos	querido
querréis	habréis	querido
querrán	habrán	querido

Condicional (Bello : Pospretérito)	Condicional perf. (Bello : Antepospretérito)	
querría	habría	querido
querrías	habrías	querido
querría	habría	querido
querríamos	habríamos	querido
querríais	habríais	querido
querrían	habrían	querido

___ SUBJUNTIVO ___

Presente (Bello : Presente)	Pret. perf. (Bello : Antepresente)	
quiera	haya	querido
quieras	hayas	querido
quiera	haya	querido
queramos	hayamos	querido
queráis	hayáis	querido
quieran	hayan	querido

Pret. imperf. (Bello : Pretérito)	Pret. pluscuamp. (Bello : Antepretérito)	
quisiera	hubiera	
o quisiese	o hubiese	querido
quisieras	hubieras	
o quisieses	o hubieses	querido
quisiera	hubiera	
o quisiese	o hubiese	querido
quisiéramos	hubiéramos	
o quisiésemos	o hubiésemos	querido
quisierais	hubierais	
o quisieseis	o hubieseis	querido
quisieran	hubieran	
o quisiesen	o hubiesen	querido

Futuro (Bello : Futuro)	Futuro perf. (Bello : Antefuturo)	
quisiere	hubiere	querido
quisieres	hubieres	querido
quisiere	hubiere	querido
quisiéremos	hubiéremos	querido
quisiereis	hubiereis	querido
quisieren	hubieren	querido

___ IMPERATIVO ___

Presente

quiere	tú
quiera	él
queramos	nosotros
quered	vosotros
quieran	ellos

___ FORMAS NO PERSONALES ___

Infinitivo	Infinitivo compuesto
querer	haber querido
Gerundio	**Gerundio compuesto**
queriendo	habiendo querido
Participio	
querido	

15 tener

|

Presente (Bello : Presente)	Pret. perf. comp. (Bello : Antepresente)		Presente (Bello : Presente)	Pret. perf. (Bello : Antepresente)	
tengo	he	tenido	tenga	haya	tenido
tienes	has	tenido	tengas	hayas	tenido
tiene	ha	tenido	tenga	haya	tenido
tenemos	hemos	tenido	tengamos	hayamos	tenido
tenéis	habéis	tenido	tengáis	hayáis	tenido
tienen	han	tenido	tengan	hayan	tenido

Pret. imperf. (Bello : Copretérito)	Pret. pluscuamp. (Bello : Antecopretérito)		Pret. imperf. (Bello : Pretérito)	Pret. pluscuamp. (Bello : Antepretérito)	
tenía	había	tenido	tuviera	hubiera	
tenías	habías	tenido	o tuviese	o hubiese	tenido
tenía	había	tenido	tuvieras	hubieras	
teníamos	habíamos	tenido	o tuvieses	o hubieses	tenido
teníais	habíais	tenido	tuviera	hubiera	
tenían	habían	tenido	o tuviese	o hubiese	tenido
			tuviéramos	hubiéramos	
			o tuviésemos	o hubiésemos	tenido
			tuvierais	hubierais	
			o tuvieseis	o hubieseis	tenido
			tuvieran	hubieran	
			o tuviesen	o hubiesen	tenido

Pret. perf. simple (Bello : Pretérito)	Pret. anterior (Bello : Antepretérito)	
tuve	hube	tenido
tuviste	hubiste	tenido
tuvo	hubo	tenido
tuvimos	hubimos	tenido
tuvisteis	hubisteis	tenido
tuvieron	hubieron	tenido

Futuro (Bello : Futuro)	Futuro perf. (Bello : Antefuturo)	
tuviere	hubiere	tenido
tuvieres	hubieres	tenido
tuviere	hubiere	tenido
tuviéremos	hubiéremos	tenido
tuviereis	hubiereis	tenido
tuvieren	hubieren	tenido

Futuro (Bello : Futuro)	Futuro perf. (Bello : Antefuturo)	
tendré	habré	tenido
tendrás	habrás	tenido
tendrá	habrá	tenido
tendremos	habremos	tenido
tendréis	habréis	tenido
tendrán	habrán	tenido

IMPERATIVO

Presente

ten	tú
tenga	él
tengamos	nosotros
tened	vosotros
tengan	ellos

Condicional (Bello : Pospretérito)	Condicional perf. (Bello : Antepospretérito)	
tendría	habría	tenido
tendrías	habrías	tenido
tendría	habría	tenido
tendríamos	habríamos	tenido
tendríais	habríais	tenido
tendrían	habrían	tenido

FORMAS NO PERSONALES

Infinitivo	Infinitivo compuesto
tener	haber tenido
Gerundio	Gerundio compuesto
teniendo	habiendo tenido
Participio	
tenido	

38

16 poner

____ INDICATIVO ____

Presente (Bello : Presente)	Pret. perf. comp. (Bello : Antepresente)	
pongo	he	puesto
pones	has	puesto
pone	ha	puesto
ponemos	hemos	puesto
ponéis	habéis	puesto
ponen	han	puesto

Pret. imperf. (Bello : Copretérito)	Pret. pluscuamp. (Bello : Antecopretérito)	
ponía	había	puesto
ponías	habías	puesto
ponía	había	puesto
poníamos	habíamos	puesto
poníais	habíais	puesto
ponían	habían	puesto

Pret. perf. simple (Bello : Pretérito)	Pret. anterior (Bello : Antepretérito)	
puse	hube	puesto
pusiste	hubiste	puesto
puso	hubo	puesto
pusimos	hubimos	puesto
pusisteis	hubisteis	puesto
pusieron	hubieron	puesto

Futuro (Bello : Futuro)	Futuro perf. (Bello : Antefuturo)	
pondré	habré	puesto
pondrás	habrás	puesto
pondrá	habrá	puesto
pondremos	habremos	puesto
pondréis	habréis	puesto
pondrán	habrán	puesto

Condicional (Bello : Pospretérito)	Condicional perf. (Bello : Antepospretérito)	
pondría	habría	puesto
pondrías	habrías	puesto
pondría	habría	puesto
pondríamos	habríamos	puesto
pondríais	habríais	puesto
pondrían	habrían	puesto

____ SUBJUNTIVO ____

Presente (Bello : Presente)	Pret. perf. (Bello : Antepresente)	
ponga	haya	puesto
pongas	hayas	puesto
ponga	haya	puesto
pongamos	hayamos	puesto
pongáis	hayáis	puesto
pongan	hayan	puesto

Pret. imperf. (Bello : Pretérito)	Pret. pluscuamp. (Bello : Antepretérito)	
pusiera	hubiera	
o pusiese	o hubiese	puesto
pusieras	hubieras	
o pusieses	o hubieses	puesto
pusiera	hubiera	
o pusiese	o hubiese	puesto
pusiéramos	hubiéramos	
o pusiésemos	o hubiésemos	puesto
pusierais	hubierais	
o pusieseis	o hubieseis	puesto
pusieran	hubieran	
o pusiesen	o hubiesen	puesto

Futuro (Bello : Futuro)	Futuro perf. (Bello : Antefuturo)	
pusiere	hubiere	puesto
pusieres	hubieres	puesto
pusiere	hubiere	puesto
pusiéremos	hubiéremos	puesto
pusiereis	hubiereis	puesto
pusieren	hubieren	puesto

____ IMPERATIVO ____

Presente

pon	tú
ponga	él
pongamos	nosotros
poned	vosotros
pongan	ellos

____ FORMAS NO PERSONALES ____

Infinitivo poner	Infinitivo compuesto haber puesto
Gerundio poniendo	Gerundio compuesto habiendo puesto
Participio puesto	

17 discernir

—— INDICATIVO ——

Presente (Bello : Presente)	Pret. perf. comp. (Bello : Antepresente)
discierno	he discernido
disciernes	has discernido
discierne	ha discernido
discernimos	hemos discernido
discernís	habéis discernido
disciernen	han discernido

Pret. imperf. (Bello : Copretérito)	Pret. pluscuamp. (Bello : Antecopretérito)
discernía	había discernido
discernías	habías discernido
discernía	había discernido
discerníamos	habíamos discernido
discerníais	habíais discernido
discernían	habían discernido

Pret. perf. simple (Bello : Pretérito)	Pret. anterior (Bello : Antepretérito)
discerní	hube discernido
discerniste	hubiste discernido
discernió	hubo discernido
discernimos	hubimos discernido
discernisteis	hubisteis discernido
discernieron	hubieron discernido

Futuro (Bello : Futuro)	Futuro perf. (Bello : Antefuturo)
discerniré	habré discernido
discernirás	habrás discernido
discernirá	habrá discernido
discerniremos	habremos discernido
discerniréis	habréis discernido
discernirán	habrán discernido

Condicional (Bello : Pospretérito)	Condicional perf. (Bello : Antepospretérito)
discerniría	habría discernido
discernirías	habrías discernido
discerniría	habría discernido
discerniríamos	habríamos discernido
discerniríais	habríais discernido
discernirían	habrían discernido

—— SUBJUNTIVO ——

Presente (Bello : Presente)	Pret. perf. (Bello : Antepresente)
discierna	haya discernido
disciernas	hayas discernido
discierna	haya discernido
discernamos	hayamos discernido
discernáis	hayáis discernido
disciernan	hayan discernido

Pret. imperf. (Bello : Pretérito)	Pret. pluscuamp. (Bello : Antepretérito)
discerniera	hubiera
o discerniese	o hubiese discernido
discernieras	hubieras
o discernieses	o hubieses discernido
discerniera	hubiera
o discerniese	o hubiese discernido
discerniéramos	hubiéramos
o discerniésemos	o hubiésemos discernido
discernierais	hubierais
o discernieseis	o hubieseis discernido
discernieran	hubieran
o discerniesen	o hubiesen discernido

Futuro (Bello : Futuro)	Futuro perf. (Bello : Antefuturo)
discerniere	hubiere discernido
discernieres	hubieres discernido
discerniere	hubiere discernido
discerniéremos	hubiéremos discernido
discerniereis	hubiereis discernido
discernieren	hubieren discernido

—— IMPERATIVO ——

Presente

discierne	tú
discierna	él
discernamos	nosotros
discernid	vosotros
disciernan	ellos

—— FORMAS NO PERSONALES ——

Infinitivo	Infinitivo compuesto
discernir	haber discernido
Gerundio	**Gerundio compuesto**
discerniendo	habiendo discernido
Participio	
discernido	

18 venir

INDICATIVO

Presente (Bello : Presente)	Pret. perf. comp. (Bello : Antepresente)	
vengo	he	venido
vienes	has	venido
viene	ha	venido
venimos	hemos	venido
venís	habéis	venido
vienen	han	venido

Pret. imperf. (Bello : Copretérito)	Pret. pluscuamp. (Bello : Antecopretérito)	
venía	había	venido
venías	habías	venido
venía	había	venido
veníamos	habíamos	venido
veníais	habíais	venido
venían	habían	venido

Pret. perf. simple (Bello : Pretérito)	Pret. anterior (Bello : Antepretérito)	
vino	hube	venido
viniste	hubiste	venido
vino	hubo	venido
vinimos	hubimos	venido
vinisteis	hubisteis	venido
vinieron	hubieron	venido

Futuro (Bello : Futuro)	Futuro perf. (Bello : Antefuturo)	
vendré	habré	venido
vendrás	habrás	venido
vendrá	habrá	venido
vendremos	habremos	venido
vendréis	habréis	venido
vendrán	habrán	venido

Condicional (Bello : Pospretérito)	Condicional perf. (Bello : Antepospretérito)	
vendría	habría	venido
vendrías	habrías	venido
vendría	habría	venido
vendríamos	habríamos	venido
vendríais	habríais	venido
vendrían	habrían	venido

SUBJUNTIVO

Presente (Bello : Presente)	Pret. perf. (Bello : Antepresente)	
venga	haya	venido
vengas	hayas	venido
venga	haya	venido
vengamos	hayamos	venido
vengáis	hayáis	venido
vengan	hayan	venido

Pret. imperf. (Bello : Pretérito)	Pret. pluscuamp. (Bello : Antepretérito)	
viniera	hubiera	
o viniese	o hubiese	venido
vinieras	hubieras	
o vinieses	o hubieses	venido
viniera	hubiera	
o viniese	o hubiese	venido
viniéramos	hubiéramos	
o viniésemos	o hubiésemos	venido
vinierais	hubierais	
o vinieseis	o hubieseis	venido
vinieran	hubieran	
o viniesen	o hubiesen	venido

Futuro (Bello : Futuro)	Futuro perf. (Bello : Antefuturo)	
viniere	hubiere	venido
vinieres	hubieres	venido
viniere	hubiere	venido
viniéremos	hubiéremos	venido
viniereis	hubiereis	venido
vinieren	hubieren	venido

IMPERATIVO

Presente

ven	tú
venga	él
vengamos	nosotros
venid	vosotros
vengan	ellos

FORMAS NO PERSONALES

Infinitivo venir	Infinitivo compuesto haber venido
Gerundio viniendo	Gerundio compuesto habiendo venido
Participio venido	

19 sonar

_____ INDICATIVO _____

Presente (Bello : Presente)	Pret. perf. comp. (Bello : Antepresente)	
sueno	he	sonado
suenas	has	sonado
suena	ha	sonado
sonamos	hemos	sonado
sonáis	habéis	sonado
suenan	han	sonado

Pret. imperf. (Bello : Copretérito)	Pret. pluscuamp. (Bello : Antecopretérito)	
sonaba	había	sonado
sonabas	habías	sonado
sonaba	había	sonado
sonábamos	habíamos	sonado
sonabais	habíais	sonado
sonaban	habían	sonado

Pret. perf. simple (Bello : Pretérito)	Pret. anterior (Bello : Antepretérito)	
soné	hube	sonado
sonaste	hubiste	sonado
sonó	hubo	sonado
sonamos	hubimos	sonado
sonasteis	hubisteis	sonado
sonaron	hubieron	sonado

Futuro (Bello : Futuro)	Futuro perf. (Bello : Antefuturo)	
sonaré	habré	sonado
sonarás	habrás	sonado
sonará	habrá	sonado
sonaremos	habremos	sonado
sonaréis	habréis	sonado
sonarán	habrán	sonado

Condicional (Bello : Pospretérito)	Condicional perf. (Bello : Antepospretérito)	
sonaría	habría	sonado
sonarías	habrías	sonado
sonaría	habría	sonado
sonaríamos	habríamos	sonado
sonaríais	habríais	sonado
sonarían	habrían	sonado

_____ SUBJUNTIVO _____

Presente (Bello : Presente)	Pret. perf. (Bello : Antepresente)	
suene	haya	sonado
suenes	hayas	sonado
suene	haya	sonado
sonemos	hayamos	sonado
sonéis	hayáis	sonado
suenen	hayan	sonado

Pret. imperf. (Bello : Pretérito)	Pret. pluscuamp. (Bello : Antepretérito)	
sonara	hubiera	
o sonase	o hubiese	sonado
sonaras	hubieras	
o sonases	o hubieses	sonado
sonara	hubiera	
o sonase	o hubiese	sonado
sonáramos	hubiéramos	
o sonásemos	o hubiésemos	sonado
sonarais	hubierais	
o sonaseis	o hubieseis	sonado
sonaran	hubieran	
o sonasen	o hubiesen	sonado

Futuro (Bello : Futuro)	Futuro perf. (Bello : Antefuturo)	
sonare	hubiere	sonado
sonares	hubieres	sonado
sonare	hubiere	sonado
sonáremos	hubiéremos	sonado
sonareis	hubiereis	sonado
sonaren	hubieren	sonado

_____ IMPERATIVO _____

Presente

suena	tú
suene	él
sonemos	nosotros
sonad	vosotros
suenen	ellos

_____ FORMAS NO PERSONALES _____

Infinitivo	Infinitivo compuesto
sonar	haber sonado
Gerundio	**Gerundio compuesto**
sonando	habiendo sonado
Participio	
sonado	

20 desosar

INDICATIVO

Presente (Bello : Presente)		Pret. perf. comp. (Bello : Antepresente)	
deshueso		he	desosado
deshuesas		has	desosado
deshuesa		ha	desosado
desosamos		hemos	desosado
desosáis		habéis	desosado
deshuesan		han	desosado

Pret. imperf. (Bello : Copretérito)		Pret. pluscuamp. (Bello : Antecopretérito)	
desosaba		había	desosado
desosabas		habías	desosado
desosaba		había	desosado
desosábamos		habíamos	desosado
desosabais		habíais	desosado
desosaban		habían	desosado

Pret. perf. simple (Bello : Pretérito)		Pret. anterior (Bello : Antepretérito)	
desosé		hube	desosado
desosaste		hubiste	desosado
desosó		hubo	desosado
desosamos		hubimos	desosado
desosasteis		hubisteis	desosado
desosaron		hubieron	desosado

Futuro (Bello : Futuro)		Futuro perf. (Bello : Antefuturo)	
desosaré		habré	desosado
desosarás		habrás	desosado
desosará		habrá	desosado
desosaremos		habremos	desosado
desosaréis		habréis	desosado
desosarán		habrán	desosado

Condicional (Bello : Pospretérito)		Condicional perf. (Bello : Antepospretérito)	
desosaría		habría	desosado
desosarías		habrías	desosado
desosaría		habría	desosado
desosaríamos		habríamos	desosado
desosaríais		habríais	desosado
desosarían		habrían	desosado

SUBJUNTIVO

Presente (Bello : Presente)		Pret. perf. (Bello : Antepresente)	
deshuese		haya	desosado
deshueses		hayas	desosado
deshuese		haya	desosado
desosemos		hayamos	desosado
desoséis		hayáis	desosado
deshuesen		hayan	desosado

Pret. imperf. (Bello : Pretérito)		Pret. pluscuamp. (Bello : Antepretérito)	
desosara		hubiera	
o desosase		o hubiese	desosado
desosaras		hubieras	
o desosases		o hubieses	desosado
desosara		hubiera	
o desosase		o hubiese	desosado
desosáramos		hubiéramos	
o desosásemos		o hubiésemos	desosado
desosarais		hubierais	
o desosaseis		o hubieseis	desosado
desosaran		hubieran	
o desosasen		o hubiesen	desosado

Futuro (Bello : Futuro)		Futuro perf. (Bello : Antefuturo)	
desosare		hubiere	desosado
desosares		hubieres	desosado
desosare		hubiere	desosado
desosáremos		hubiéremos	desosado
desosareis		hubiereis	desosado
desosaren		hubieren	desosado

IMPERATIVO

Presente

deshuesa	tú
deshuese	él
desosemos	nosotros
desosad	vosotros
deshuesen	ellos

FORMAS NO PERSONALES

Infinitivo	Infinitivo compuesto
desosar	haber desosado

Gerundio	Gerundio compuesto
desosando	habiendo desosado

Participio	
desosado	

21 volver

——— INDICATIVO ———

Presente (Bello : Presente)	Pret. perf. comp. (Bello : Antepresente)	
vuelvo	he	vuelto
vuelves	has	vuelto
vuelve	ha	vuelto
volvemos	hemos	vuelto
volvéis	habéis	vuelto
vuelven	han	vuelto

Pret. imperf. (Bello : Copretérito)	Pret. pluscuamp. (Bello : Antecopretérito)	
volvía	había	vuelto
volvías	habías	vuelto
volvía	había	vuelto
volvíamos	habíamos	vuelto
volvíais	habíais	vuelto
volvían	habían	vuelto

Pret. perf. simple (Bello : Pretérito)	Pret. anterior (Bello : Antepretérito)	
volví	hube	vuelto
volviste	hubiste	vuelto
volvió	hubo	vuelto
volvimos	hubimos	vuelto
volvisteis	hubisteis	vuelto
volvieron	hubieron	vuelto

Futuro (Bello : Futuro)	Futuro perf. (Bello : Antefuturo)	
volveré	habré	vuelto
volverás	habrás	vuelto
volverá	habrá	vuelto
volveremos	habremos	vuelto
volveréis	habréis	vuelto
volverán	habrán	vuelto

Condicional (Bello : Pospretérito)	Condicional perf. (Bello : Antepospretérito)	
volvería	habría	vuelto
volverías	habrías	vuelto
volvería	habría	vuelto
volveríamos	habríamos	vuelto
volveríais	habríais	vuelto
volverían	habrían	vuelto

——— SUBJUNTIVO ———

Presente (Bello : Presente)	Pret. perf. (Bello : Antepresente)	
vuelva	haya	vuelto
vuelvas	hayas	vuelto
vuelva	haya	vuelto
volvamos	hayamos	vuelto
volváis	hayáis	vuelto
vuelvan	hayan	vuelto

Pret. imperf. (Bello : Pretérito)	Pret. pluscuamp. (Bello : Antepretérito)	
volviera	hubiera	
o volviese	o hubiese	vuelto
volvieras	hubieras	
o volvieses	o hubieses	vuelto
volviera	hubiera	
o volviese	o hubiese	vuelto
volviéramos	hubiéramos	
o volviésemos	o hubiésemos	vuelto
volvierais	hubierais	
o volvieseis	o hubieseis	vuelto
volvieran	hubieran	
o volviesen	o hubiesen	vuelto

Futuro (Bello : Futuro)	Futuro perf. (Bello : Antefuturo)	
volviere	hubiere	vuelto
volvieres	hubieres	vuelto
volviere	hubiere	vuelto
volviéremos	hubiéremos	vuelto
volviereis	hubiereis	vuelto
volvieren	hubieren	vuelto

——— IMPERATIVO ———

Presente

vuelve	tú
vuelva	él
volvamos	nosotros
volved	vosotros
vuelvan	ellos

——— FORMAS NO PERSONALES ———

Infinitivo	Infinitivo compuesto
volver	haber vuelto

Gerundio	Gerundio compuesto
volviendo	habiendo vuelto

Participio	
vuelto	

22 moler

____ INDICATIVO ____

Presente (Bello : Presente)	Pret. perf. comp. (Bello : Antepresente)	
muelo	he	molido
mueles	has	molido
muele	ha	molido
molemos	hemos	molido
moléis	habéis	molido
muelen	han	molido

Pret. imperf. (Bello : Copretérito)	Pret. pluscuamp. (Bello : Antecopretérito)	
molía	había	molido
molías	habías	molido
molía	había	molido
molíamos	habíamos	molido
molíais	habíais	molido
molían	habían	molido

Pret. perf. simple (Bello : Pretérito)	Pret. anterior (Bello : Antepretérito)	
molí	hube	molido
moliste	hubiste	molido
molió	hubo	molido
molimos	hubimos	molido
molisteis	hubisteis	molido
molieron	hubieron	molido

Futuro (Bello : Futuro)	Futuro perf. (Bello : Antefuturo)	
moleré	habré	molido
molerás	habrás	molido
molerá	habrá	molido
moleremos	habremos	molido
moleréis	habréis	molido
molerán	habrán	molido

Condicional (Bello : Pospretérito)	Condicional perf. (Bello : Antepospretérito)	
molería	habría	molido
molerías	habrías	molido
molería	habría	molido
moleríamos	habríamos	molido
moleríais	habríais	molido
molerían	habrían	molido

____ SUBJUNTIVO ____

Presente (Bello : Presente)	Pret. perf. (Bello : Antepresente)	
muela	haya	molido
muelas	hayas	molido
muela	haya	molido
molamos	hayamos	molido
moláis	hayáis	molido
muelan	hayan	molido

Pret. imperf. (Bello : Pretérito)	Pret. pluscuamp. (Bello : Antepretérito)	
moliera	hubiera	
o moliese	o hubiese	molido
molieras	hubieras	
o molieses	o hubieses	molido
moliera	hubiera	
o moliese	o hubiese	molido
moliéramos	hubiéramos	
o moliésemos	o hubiésemos	molido
molierais	hubierais	
o molieseis	o hubieseis	molido
molieran	hubieran	
o moliesen	o hubiesen	molido

Futuro (Bello : Futuro)	Futuro perf. (Bello : Antefuturo)	
moliere	hubiere	molido
molieres	hubieres	molido
moliere	hubiere	molido
moliéremos	hubiéremos	molido
moliereis	hubiereis	molido
molieren	hubieren	molido

____ IMPERATIVO ____

Presente

muele	tú
muela	él
molamos	nosotros
moled	vosotros
muelan	ellos

____ FORMAS NO PERSONALES ____

Infinitivo	Infinitivo compuesto
moler	haber molido
Gerundio	**Gerundio compuesto**
moliendo	habiendo molido
Participio	
molido	

23 cocer

Presente
(Bello : Presente)

cuezo
cueces
cuece
cocemos
cocéis
cuecen

Pret. perf. comp.
(Bello : Antepresente)

he cocido
has cocido
ha cocido
hemos cocido
habéis cocido
han cocido

Pret. imperf.
(Bello : Copretérito)

cocía
cocías
cocía
cocíamos
cocíais
cocían

Pret. pluscuamp.
(Bello : Antecopretérito)

había cocido
habías cocido
había cocido
habíamos cocido
habíais cocido
habían cocido

Pret. perf. simple
(Bello : Pretérito)

cocí
cociste
coció
cocimos
cocisteis
cocieron

Pret. anterior
(Bello : Antepretérito)

hube cocido
hubiste cocido
hubo cocido
hubimos cocido
hubisteis cocido
hubieron cocido

Futuro
(Bello : Futuro)

coceré
cocerás
cocerá
coceremos
coceréis
cocerán

Futuro perf.
(Bello : Antefuturo)

habré cocido
habrás cocido
habrá cocido
habremos cocido
habréis cocido
habrán cocido

Condicional
(Bello : Pospretérito)

cocería
cocerías
cocería
coceríamos
coceríais
cocerían

Condicional perf.
(Bello : Antepospretérito)

habría cocido
habrías cocido
habría cocido
habríamos cocido
habríais cocido
habrían cocido

Presente
(Bello : Presente)

cueza
cuezas
cueza
cozamos
cozáis
cuezan

Pret. perf.
(Bello : Antepresente)

haya cocido
hayas cocido
haya cocido
hayamos cocido
hayáis cocido
hayan cocido

Pret. imperf.
(Bello : Pretérito)

cociera
o cociese
cocieras
o cocieses
cociera
o cociese
cociéramos
o cociésemos
cocierais
o cocieseis
cocieran
o cociesen

Pret. pluscuamp.
(Bello : Antepretérito)

hubiera
o hubiese cocido
hubieras
o hubieses cocido
hubiera
o hubiese cocido
hubiéramos
o hubiésemos cocido
hubierais
o hubieseis cocido
hubieran
o hubiesen cocido

Futuro
(Bello : Futuro)

cociere
cocieres
cociere
cociéremos
cociereis
cocieren

Futuro perf.
(Bello : Antefuturo)

hubiere cocido
hubieres cocido
hubiere cocido
hubiéremos cocido
hubiereis cocido
hubieren cocido

Presente

cuece tú
cueza él
cozamos nosotros
coced vosotros
cuezan ellos

Infinitivo
cocer

Infinitivo compuesto
haber cocido

Gerundio
cociendo

Gerundio compuesto
habiendo cocido

Participio
cocido

46

24 oler

Presente (Bello : Presente)	Pret. perf. comp. (Bello : Antepresente)	
huelo	he	olido
hueles	has	olido
huele	ha	olido
olemos	hemos	olido
oléis	habéis	olido
huelen	han	olido

Pret. imperf. (Bello : Copretérito)	Pret. pluscuamp. (Bello : Antecopretérito)	
olía	había	olido
olías	habías	olido
olía	había	olido
olíamos	habíamos	olido
olíais	habíais	olido
olían	habían	olido

Pret. perf. simple (Bello : Pretérito)	Pret. anterior (Bello : Antepretérito)	
olí	hube	olido
oliste	hubiste	olido
olió	hubo	olido
olimos	hubimos	olido
olisteis	hubisteis	olido
olieron	hubieron	olido

Futuro (Bello : Futuro)	Futuro perf. (Bello : Antefuturo)	
oleré	habré	olido
olerás	habrás	olido
olerá	habrá	olido
oleremos	habremos	olido
oleréis	habréis	olido
olerán	habrán	olido

Condicional (Bello : Pospretérito)	Condicional perf. (Bello : Antepospretérito)	
olería	habría	olido
olerías	habrías	olido
olería	habría	olido
oleríamos	habríamos	olido
oleríais	habríais	olido
olerían	habrían	olido

SUBJUNTIVO

Presente (Bello : Presente)	Pret. perf. (Bello : Antepresente)	
huela	haya	olido
huelas	hayas	olido
huela	haya	olido
olamos	hayamos	olido
oláis	hayáis	olido
huelan	hayan	olido

Pret. imperf. (Bello : Pretérito)	Pret. pluscuamp. (Bello : Antepretérito)	
oliera	hubiera	
u oliese	o hubiese	olido
olieras	hubieras	
u olieses	o hubieses	olido
oliera	hubiera	
u oliese	o hubiese	olido
oliéramos	hubiéramos	
u oliésemos	o hubiésemos	olido
olierais	hubierais	
u olieseis	o hubieseis	olido
olieran	hubieran	
u oliesen	o hubiesen	olido

Futuro (Bello : Futuro)	Futuro perf. (Bello : Antefuturo)	
oliere	hubiere	olido
olieres	hubieres	olido
oliere	hubiere	olido
oliéremos	hubiéremos	olido
oliereis	hubiereis	olido
olieren	hubieren	olido

IMPERATIVO

Presente

huele	tú
huela	él
olamos	nosotros
oled	vosotros
huelan	ellos

FORMAS NO PERSONALES

Infinitivo	Infinitivo compuesto
oler	haber olido
Gerundio	**Gerundio compuesto**
oliendo	habiendo olido
Participio	
olido	

25 mover

Presente (Bello : Presente)	Pret. perf. comp. (Bello : Antepresente)	
muevo	he	movido
mueves	has	movido
mueve	ha	movido
movemos	hemos	movido
movéis	habéis	movido
mueven	han	movido

Pret. imperf. (Bello : Copretérito)	Pret. pluscuamp. (Bello : Antecopretérito)	
movía	había	movido
movías	habías	movido
movía	había	movido
movíamos	habíamos	movido
movíais	habíais	movido
movían	habían	movido

Pret. perf. simple (Bello : Pretérito)	Pret. anterior (Bello : Antepretérito)	
moví	hube	movido
moviste	hubiste	movido
movió	hubo	movido
movimos	hubimos	movido
movisteis	hubisteis	movido
movieron	hubieron	movido

Futuro (Bello : Futuro)	Futuro perf. (Bello : Antefuturo)	
moveré	habré	movido
moverás	habrás	movido
moverá	habrá	movido
moveremos	habremos	movido
moveréis	habréis	movido
moverán	habrán	movido

Condicional (Bello : Pospretérito)	Condicional perf. (Bello : Antepospretérito)	
movería	habría	movido
moverías	habrías	movido
movería	habría	movido
moveríamos	habríamos	movido
moveríais	habríais	movido
moverían	habrían	movido

Presente (Bello : Presente)	Pret. perf. (Bello : Antepresente)	
mueva	haya	movido
muevas	hayas	movido
mueva	haya	movido
movamos	hayamos	movido
mováis	hayáis	movido
muevan	hayan	movido

Pret. imperf. (Bello : Pretérito)	Pret. pluscuamp. (Bello : Antepretérito)	
moviera	hubiera	
o moviese	o hubiese	movido
movieras	hubieras	
o movieses	o hubieses	movido
moviera	hubiera	
o moviese	o hubiese	movido
moviéramos	hubiéramos	
o moviésemos	o hubiésemos	movido
movierais	hubierais	
o movieseis	o hubieseis	movido
movieran	hubieran	
o moviesen	o hubiesen	movido

Futuro (Bello : Futuro)	Futuro perf. (Bello : Antefuturo)	
moviere	hubiere	movido
movieres	hubieres	movido
moviere	hubiere	movido
moviéremos	hubiéremos	movido
moviereis	hubiereis	movido
movieren	hubieren	movido

Presente

mueve	tú
mueva	él
movamos	nosotros
moved	vosotros
muevan	ellos

Infinitivo	Infinitivo compuesto
mover	haber movido
Gerundio	**Gerundio compuesto**
moviendo	habiendo movido
Participio	
movido	

26 poder

——— INDICATIVO ———

Presente (Bello : Presente)	Pret. perf. comp. (Bello : Antepresente)	
puedo	he	podido
puedes	has	podido
puede	ha	podido
podemos	hemos	podido
podéis	habéis	podido
pueden	han	podido

Pret. imperf. (Bello : Copretérito)	Pret. pluscuamp. (Bello : Antecopretérito)	
podía	había	podido
podías	habías	podido
podía	había	podido
podíamos	habíamos	podido
podíais	habíais	podido
podían	habían	podido

Pret. perf. simple (Bello : Pretérito)	Pret. anterior (Bello : Antepretérito)	
pude	hube	podido
pudiste	hubiste	podido
pudo	hubo	podido
pudimos	hubimos	podido
pudisteis	hubisteis	podido
pudieron	hubieron	podido

Futuro (Bello : Futuro)	Futuro perf. (Bello : Antefuturo)	
podré	habré	podido
podrás	habrás	podido
podrá	habrá	podido
podremos	habremos	podido
podréis	habréis	podido
podrán	habrán	podido

Condicional (Bello : Pospretérito)	Condicional perf. (Bello : Antepospretérito)	
podría	habría	podido
podrías	habrías	podido
podría	habría	podido
podríamos	habríamos	podido
podríais	habríais	podido
podrían	habrían	podido

——— SUBJUNTIVO ———

Presente (Bello : Presente)	Pret. perf. (Bello : Antepresente)	
pueda	haya	podido
puedas	hayas	podido
pueda	haya	podido
podamos	hayamos	podido
podáis	hayáis	podido
puedan	hayan	podido

Pret. imperf. (Bello : Pretérito)	Pret. pluscuamp. (Bello : Antepretérito)	
pudiera	hubiera	
o pudiese	o hubiese	podido
pudieras	hubieras	
o pudieses	o hubieses	podido
pudiera	hubiera	
o pudiese	o hubiese	podido
pudiéramos	hubiéramos	
o pudiésemos	o hubiésemos	podido
pudierais	hubierais	
o pudieseis	o hubieseis	podido
pudieran	hubieran	
o pudiesen	o hubiesen	podido

Futuro (Bello : Futuro)	Futuro perf. (Bello : Antefuturo)	
pudiere	hubiere	podido
pudieres	hubieres	podido
pudiere	hubiere	podido
pudiéremos	hubiéremos	podido
pudiereis	hubiereis	podido
pudieren	hubieren	podido

——— IMPERATIVO ———

Presente

puede	tú
pueda	él
podamos	nosotros
poded	vosotros
puedan	ellos

——— FORMAS NO PERSONALES ———

Infinitivo poder	Infinitivo compuesto haber podido
Gerundio pudiendo	Gerundio compuesto habiendo podido
Participio podido	

27 sentir

INDICATIVO

Presente (Bello : Presente)	Pret. perf. comp. (Bello : Antepresente)	
siento	he	sentido
sientes	has	sentido
siente	ha	sentido
sentimos	hemos	sentido
sentís	habéis	sentido
sienten	han	sentido

Pret. imperf. (Bello : Copretérito)	Pret. pluscuamp. (Bello : Antecopretérito)	
sentía	había	sentido
sentías	habías	sentido
sentía	había	sentido
sentíamos	habíamos	sentido
sentíais	habíais	sentido
sentían	habían	sentido

Pret. perf. simple (Bello : Pretérito)	Pret. anterior (Bello : Antepretérito)	
sentí	hube	sentido
sentiste	hubiste	sentido
sintió	hubo	sentido
sentimos	hubimos	sentido
sentisteis	hubisteis	sentido
sintieron	hubieron	sentido

Futuro (Bello : Futuro)	Futuro perf. (Bello : Antefuturo)	
sentiré	habré	sentido
sentirás	habrás	sentido
sentirá	habrá	sentido
sentiremos	habremos	sentido
sentiréis	habréis	sentido
sentirán	habrán	sentido

Condicional (Bello : Pospretérito)	Condicional perf. (Bello : Antepospretérito)	
sentiría	habría	sentido
sentirías	habrías	sentido
sentiría	habría	sentido
sentiríamos	habríamos	sentido
sentiríais	habríais	sentido
sentirían	habrían	sentido

SUBJUNTIVO

Presente (Bello : Presente)	Pret. perf. (Bello : Antepresente)	
sienta	haya	sentido
sientas	hayas	sentido
sienta	haya	sentido
sintamos	hayamos	sentido
sintáis	hayáis	sentido
sientan	hayan	sentido

Pret. imperf. (Bello : Pretérito)	Pret. pluscuamp. (Bello : Antepretérito)	
sintiera	hubiera	
o sintiese	o hubiese	sentido
sintieras	hubieras	
o sintieses	o hubieses	sentido
sintiera	hubiera	
o sintiese	o hubiese	sentido
sintiéramos	hubiéramos	
o sintiésemos	o hubiésemos	sentido
sintierais	hubierais	
o sintieseis	o hubieseis	sentido
sintieran	hubieran	
o sintiesen	o hubiesen	sentido

Futuro (Bello : Futuro)	Futuro perf. (Bello : Antefuturo)	
sintiere	hubiere	sentido
sintieres	hubieres	sentido
sintiere	hubiere	sentido
sintiéremos	hubiéremos	sentido
sintiereis	hubiereis	sentido
sintieren	hubieren	sentido

IMPERATIVO

Presente

siente	tú
sienta	él
sintamos	nosotros
sentid	vosotros
sientan	ellos

FORMAS NO PERSONALES

Infinitivo	Infinitivo compuesto
sentir	haber sentido
Gerundio	**Gerundio compuesto**
sintiendo	habiendo sentido
Participio	
sentido	

28 erguir

INDICATIVO

Presente
(Bello : Presente)

irgo	o yergo
irgues	o yergues
irgue	o yergue
erguimos	
erguís	
irguen	o yerguen

Pret. perf. comp.
(Bello : Antepresente)

he	erguido
has	erguido
ha	erguido
hemos	erguido
habéis	erguido
han	erguido

Pret. imperf.
(Bello : Copretérito)

erguía
erguías
erguía
erguíamos
erguíais
erguían

Pret. pluscuamp.
(Bello : Antecopretérito)

había	erguido
habías	erguido
había	erguido
habíamos	erguido
habíais	erguido
habían	erguido

Pret. perf. simple
(Bello : Pretérito)

erguí
erguiste
irguió
erguimos
erguisteis
irguieron

Pret. anterior
(Bello : Antepretérito)

hube	erguido
hubiste	erguido
hubo	erguido
hubimos	erguido
hubisteis	erguido
hubieron	erguido

Futuro
(Bello : Futuro)

erguiré
erguirás
erguirá
erguiremos
erguiréis
erguirán

Futuro perf.
(Bello : Antefuturo)

habré	erguido
habrás	erguido
habrá	erguido
habremos	erguido
habréis	erguido
habrán	erguido

Condicional
(Bello : Pospretérito)

erguiría
erguirías
erguiría
erguiríamos
erguiríais
erguirían

Condicional perf.
(Bello : Antepospretérito)

habría	erguido
habrías	erguido
habría	erguido
habríamos	erguido
habríais	erguido
habrían	erguido

SUBJUNTIVO

Presente
(Bello : Presente)

irga	o yerga
irgas	o yergas
irga	o yerga
irgamos	o yergamos
irgáis	o yergáis
irgan	o yergan

Pret. perf.
(Bello : Antepresente)

haya	erguido
hayas	erguido
haya	erguido
hayamos	erguido
hayáis	erguido
hayan	erguido

Pret. imperf.
(Bello : Pretérito)

irguiera
o irguiese
irguieras
o irguieses
irguiera
o irguiese
irguiéramos
o irguiésemos
irguierais
o irguieseis
irguieran
o irguiesen

Pret. pluscuamp.
(Bello : Antepretérito)

hubiera	
o hubiese	erguido
hubieras	
o hubieses	erguido
hubiera	
o hubiese	erguido
hubiéramos	
o hubiésemos	erguido
hubierais	
o hubieseis	erguido
hubieran	
o hubiesen	erguido

Futuro
(Bello : Futuro)

irguiere
irguieres
irguiere
irguiéremos
irguiereis
irguieren

Futuro perf.
(Bello : Antefuturo)

hubiere	erguido
hubieres	erguido
hubiere	erguido
hubiéremos	erguido
hubiereis	erguido
hubieren	erguido

IMPERATIVO

Presente

irgue	o yergue	tú
irga	o yerga	él
irgamos	o yergamos	nosotros
erguid		vosotros
irgan	o yergan	ellos

FORMAS NO PERSONALES

Infinitivo
erguir

Infinitivo compuesto
haber erguido

Gerundio
irguiendo

Gerundio compuesto
habiendo erguido

Participio
erguido

29 dormir

___ INDICATIVO ___

Presente (Bello : Presente)	Pret. perf. comp. (Bello : Antepresente)	
duermo	he	dormido
duermes	has	dormido
duerme	ha	dormido
dormimos	hemos	dormido
dormís	habéis	dormido
duermen	han	dormido

Pret. imperf. (Bello : Copretérito)	Pret. pluscuamp. (Bello : Antecopretérito)	
dormía	había	dormido
dormías	habías	dormido
dormía	había	dormido
dormíamos	habíamos	dormido
dormíais	habíais	dormido
dormían	habían	dormido

Pret. perf. simple (Bello : Pretérito)	Pret. anterior (Bello : Antepretérito)	
dormí	hube	dormido
dormiste	hubiste	dormido
durmió	hubo	dormido
dormimos	hubimos	dormido
dormisteis	hubisteis	dormido
durmieron	hubieron	dormido

Futuro (Bello : Futuro)	Futuro perf. (Bello : Antefuturo)	
dormiré	habré	dormido
dormirás	habrás	dormido
dormirá	habrá	dormido
dormiremos	habremos	dormido
dormiréis	habréis	dormido
dormirán	habrán	dormido

Condicional (Bello : Pospretérito)	Condicional perf. (Bello : Antepospretérito)	
dormiría	habría	dormido
dormirías	habrías	dormido
dormiría	habría	dormido
dormiríamos	habríamos	dormido
dormiríais	habríais	dormido
dormirían	habrían	dormido

___ SUBJUNTIVO ___

Presente (Bello : Presente)	Pret. perf. (Bello : Antepresente)	
duerma	haya	dormido
duermas	hayas	dormido
duerma	haya	dormido
durmamos	hayamos	dormido
durmáis	hayáis	dormido
duerman	hayan	dormido

Pret. imperf. (Bello : Pretérito)	Pret. pluscuamp. (Bello : Antepretérito)	
durmiera	hubiera	
o durmiese	o hubiese	dormido
durmieras	hubieras	
o durmieses	o hubieses	dormido
durmiera	hubiera	
o durmiese	o hubiese	dormido
durmiéramos	hubiéramos	
o durmiésemos	o hubiésemos	dormido
durmierais	hubierais	
o durmieseis	o hubieseis	dormido
durmieran	hubieran	
o durmiesen	o hubiesen	dormido

Futuro (Bello : Futuro)	Futuro perf. (Bello : Antefuturo)	
durmiere	hubiere	dormido
durmieres	hubieres	dormido
durmiere	hubiere	dormido
durmiéremos	hubiéremos	dormido
durmiereis	hubiereis	dormido
durmieren	hubieren	dormido

___ IMPERATIVO ___

Presente

duerme	tú
duerma	él
durmamos	nosotros
dormid	vosotros
duerman	ellos

___ FORMAS NO PERSONALES ___

Infinitivo dormir	Infinitivo compuesto haber dormido
Gerundio durmiendo	Gerundio compuesto habiendo dormido
Participio dormido	

30 adquirir

Presente (Bello : Presente)	Pret. perf. comp. (Bello : Antepresente)	
adquiero	he	adquirido
adquieres	has	adquirido
adquiere	ha	adquirido
adquirimos	hemos	adquirido
adquirís	habéis	adquirido
adquieren	han	adquirido

Pret. imperf. (Bello : Copretérito)	Pret. pluscuamp. (Bello : Antecopretérito)	
adquiría	había	adquirido
adquirías	habías	adquirido
adquiría	había	adquirido
adquiríamos	habíamos	adquirido
adquiríais	habíais	adquirido
adquirían	habían	adquirido

Pret. perf. simple (Bello : Pretérito)	Pret. anterior (Bello : Antepretérito)	
adquirí	hube	adquirido
adquiriste	hubiste	adquirido
adquirió	hubo	adquirido
adquirimos	hubimos	adquirido
adquiristeis	hubisteis	adquirido
adquirieron	hubieron	adquirido

Futuro (Bello : Futuro)	Futuro perf. (Bello : Antefuturo)	
adquiriré	habré	adquirido
adquirirás	habrás	adquirido
adquirirá	habrá	adquirido
adquiriremos	habremos	adquirido
adquiriréis	habréis	adquirido
adquirirán	habrán	adquirido

Condicional (Bello : Pospretérito)	Condicional perf. (Bello : Antepospretérito)	
adquiriría	habría	adquirido
adquirirías	habrías	adquirido
adquiriría	habría	adquirido
adquiriríamos	habríamos	adquirido
adquiriríais	habríais	adquirido
adquirirían	habrían	adquirido

____ SUBJUNTIVO ____

Presente (Bello : Presente)	Pret. perf. (Bello : Antepresente)	
adquiera	haya	adquirido
adquieras	hayas	adquirido
adquiera	haya	adquirido
adquiramos	hayamos	adquirido
adquiráis	hayáis	adquirido
adquieran	hayan	adquirido

Pret. imperf. (Bello : Pretérito)	Pret. pluscuamp. (Bello : Antepretérito)	
adquiriera	hubiera	
o adquiriese	o hubiese	adquirido
adquirieras	hubieras	
o adquirieses	o hubieses	adquirido
adquiriera	hubiera	
o adquiriese	o hubiese	adquirido
adquiriéramos	hubiéramos	
o adquiriésemos	o hubiésemos	adquirido
adquirierais	hubierais	
o adquirieseis	o hubieseis	adquirido
adquirieran	hubieran	
o adquiriesen	o hubiesen	adquirido

Futuro (Bello : Futuro)	Futuro perf. (Bello : Antefuturo)	
adquiriere	hubiere	adquirido
adquirieres	hubieres	adquirido
adquiriere	hubiere	adquirido
adquiriéremos	hubiéremos	adquirido
adquiriereis	hubiereis	adquirido
adquirieren	hubieren	adquirido

____ IMPERATIVO ____

Presente

adquiere	tú
adquiera	él
adquiramos	nosotros
adquirid	vosotros
adquieran	ellos

____ FORMAS NO PERSONALES ____

Infinitivo	Infinitivo compuesto
adquirir	haber adquirido
Gerundio	**Gerundio compuesto**
adquiriendo	habiendo adquirido
Participio	
adquirido	

31 podrir o pudrir

Presente
(Bello : Presente)

pudro
pudres
pudre
pudrimos
pudrís
pudren

Pret. perf. comp.
(Bello : Antepresente)

he   podrido
has   podrido
ha   podrido
hemos   podrido
habéis   podrido
han   podrido

Pret. imperf.
(Bello : Copretérito)

pudría
pudrías
pudría
pudríamos
pudríais
pudrían

Pret. pluscuamp.
(Bello : Antecopretérito)

había   podrido
habías   podrido
había   podrido
habíamos podrido
habíais   podrido
habían   podrido

Pret. perf. simple
(Bello : Pretérito)

pudrí*
pudriste
pudrió
pudrimos
pudristeis
pudrieron

Pret. anterior
(Bello : Antepretérito)

hube   podrido
hubiste   podrido
hubo   podrido
hubimos   podrido
hubisteis podrido
hubieron podrido

Futuro
(Bello : Futuro)

pudriré**
pudrirás
pudrirá
pudriremos
pudriréis
pudrirán

Futuro perf.
(Bello : Antefuturo)

habré   podrido
habrás   podrido
habrá   podrido
habremos podrido
habréis   podrido
habrán   podrido

Condicional
(Bello : Pospretérito)

pudriría***
pudrirías
pudriría
pudriríamos
pudriríais
pudrirían

Condicional perf.
(Bello : Antepospretérito)

habría   podrido
habrías   podrido
habría   podrido
habríamos podrido
habríais podrido
habrían   podrido

* o podrí, podriste, etc.
** o podriré, podrirás, etc.
*** o podriría, podrirías, etc.

Presente
(Bello : Presente)

pudra
pudras
pudra
pudramos
pudráis
pudran

Pret. perf.
(Bello : Antepresente)

haya   podrido
hayas   podrido
haya   podrido
hayamos   podrido
hayáis   podrido
hayan   podrido

Pret. imperf.
(Bello : Pretérito)

pudriera
o pudriese
pudrieras
o pudrieses
pudriera
o pudriese
pudriéramos
o pudriésemos
pudrierais
o pudrieseis
pudrieran
o pudriesen

Pret. pluscuamp.
(Bello : Antepretérito)

hubiera
o hubiese   podrido
hubieras
o hubieses podrido
hubiera
o hubiese   podrido
hubiéramos
o hubiésemos podrido
hubierais
o hubieseis podrido
hubieran
o hubiesen   podrido

Futuro
(Bello : Futuro)

pudriere
pudrieres
pudriere
pudriéremos
pudriereis
pudrieren

Futuro perf.
(Bello : Antefuturo)

hubiere   podrido
hubieres podrido
hubiere   podrido
hubiéremos podrido
hubiereis podrido
hubieren podrido

IMPERATIVO

Presente

pudre   tú
pudra   él
pudramos   nosotros
pudrid o podrid vosotros
pudran   ellos

FORMAS NO PERSONALES

Infinitivo
podrir o pudrir

Infinitivo compuesto
haber podrido

Gerundio
pudriendo

Gerundio compuesto
habiendo podrido

Participio
podrido

32 jugar

---- INDICATIVO ----

Presente (Bello : Presente)	Pret. perf. comp. (Bello : Antepresente)	
juego	he	jugado
juegas	has	jugado
juega	ha	jugado
jugamos	hemos	jugado
jugáis	habéis	jugado
juegan	han	jugado

Pret. imperf. (Bello : Copretérito)	Pret. pluscuamp. (Bello : Antecopretérito)	
jugaba	había	jugado
jugabas	habías	jugado
jugaba	había	jugado
jugábamos	habíamos	jugado
jugabais	habíais	jugado
jugaban	habían	jugado

Pret. perf. simple (Bello : Pretérito)	Pret. anterior (Bello : Antepretérito)	
jugué	hube	jugado
jugaste	hubiste	jugado
jugó	hubo	jugado
jugamos	hubimos	jugado
jugasteis	hubisteis	jugado
jugaron	hubieron	jugado

Futuro (Bello : Futuro)	Futuro perf. (Bello : Antefuturo)	
jugaré	habré	jugado
jugarás	habrás	jugado
jugará	habrá	jugado
jugaremos	habremos	jugado
jugaréis	habréis	jugado
jugarán	habrán	jugado

Condicional (Bello : Pospretérito)	Condicional perf. (Bello : Antepospretérito)	
jugaría	habría	jugado
jugarías	habrías	jugado
jugaría	habría	jugado
jugaríamos	habríamos	jugado
jugaríais	habríais	jugado
jugarían	habrían	jugado

---- SUBJUNTIVO ----

Presente (Bello : Presente)	Pret. perf. (Bello : Antepresente)	
juegue	haya	jugado
juegues	hayas	jugado
juegue	haya	jugado
juguemos	hayamos	jugado
juguéis	hayáis	jugado
jueguen	hayan	jugado

Pret. imperf. (Bello : Pretérito)	Pret. pluscuamp. (Bello : Antepretérito)	
jugara	hubiera	
o jugase	o hubiese	jugado
jugaras	hubieras	
o jugases	o hubieses	jugado
jugara	hubiera	
o jugase	o hubiese	jugado
jugáramos	hubiéramos	
o jugásemos	o hubiésemos	jugado
jugarais	hubierais	
o jugaseis	o hubieseis	jugado
jugaran	hubieran	
o jugasen	o hubiesen	jugado

Futuro (Bello : Futuro)	Futuro perf. (Bello : Antefuturo)	
jugare	hubiere	jugado
jugares	hubieres	jugado
jugare	hubiere	jugado
jugáremos	hubiéremos	jugado
jugareis	hubiereis	jugado
jugaren	hubieren	jugado

---- IMPERATIVO ----

Presente

juega	tú
juegue	él
juguemos	nosotros
jugad	vosotros
jueguen	ellos

---- FORMAS NO PERSONALES ----

Infinitivo	Infinitivo compuesto
jugar	haber jugado
Gerundio	Gerundio compuesto
jugando	habiendo jugado
Participio	
jugado	

55

33 hacer

—— INDICATIVO ——

Presente (Bello : Presente)	Pret. perf. comp. (Bello : Antepresente)	
hago	he	hecho
haces	has	hecho
hace	ha	hecho
hacemos	hemos	hecho
hacéis	habéis	hecho
hacen	han	hecho

Pret. imperf. (Bello : Copretérito)	Pret. pluscuamp. (Bello : Antecopretérito)	
hacía	había	hecho
hacías	habías	hecho
hacía	había	hecho
hacíamos	habíamos	hecho
hacíais	habíais	hecho
hacían	habían	hecho

Pret. perf. simple (Bello : Pretérito)	Pret. anterior (Bello : Antepretérito)	
hice	hube	hecho
hiciste	hubiste	hecho
hizo	hubo	hecho
hicimos	hubimos	hecho
hicisteis	hubisteis	hecho
hicieron	hubieron	hecho

Futuro (Bello : Futuro)	Futuro perf. (Bello : Antefuturo)	
haré	habré	hecho
harás	habrás	hecho
hará	habrá	hecho
haremos	habremos	hecho
haréis	habréis	hecho
harán	habrán	hecho

Condicional (Bello : Pospretérito)	Condicional perf. (Bello : Antepospretérito)	
haría	habría	hecho
harías	habrías	hecho
haría	habría	hecho
haríamos	habríamos	hecho
haríais	habríais	hecho
harían	habrían	hecho

—— SUBJUNTIVO ——

Presente (Bello : Presente)	Pret. perf. (Bello : Antepresente)	
haga	haya	hecho
hagas	hayas	hecho
haga	haya	hecho
hagamos	hayamos	hecho
hagáis	hayáis	hecho
hagan	hayan	hecho

Pret. imperf. (Bello : Pretérito)	Pret. pluscuamp. (Bello : Antepretérito)	
hiciera	hubiera	
o hiciese	o hubiese	hecho
hicieras	hubieras	
o hicieses	o hubieses	hecho
hiciera	hubiera	
o hiciese	o hubiese	hecho
hiciéramos	hubiéramos	
o hiciésemos	o hubiésemos	hecho
hicierais	hubierais	
o hicieseis	o hubieseis	hecho
hicieran	hubieran	
o hiciesen	o hubiesen	hecho

Futuro (Bello : Futuro)	Futuro perf. (Bello : Antefuturo)	
hiciere	hubiere	hecho
hicieres	hubieres	hecho
hiciere	hubiere	hecho
hiciéremos	hubiéremos	hecho
hiciereis	hubiereis	hecho
hicieren	hubieren	hecho

—— IMPERATIVO ——

Presente

haz	tú
haga	él
hagamos	nosotros
haced	vosotros
hagan	ellos

—— FORMAS NO PERSONALES ——

Infinitivo	Infinitivo compuesto
hacer	haber hecho
Gerundio	**Gerundio compuesto**
haciendo	habiendo hecho
Participio	
hecho	

34 yacer

Presente (Bello : Presente)	Pret. perf. comp. (Bello : Antepresente)	
yazco*	he	yacido
yaces	has	yacido
yace	ha	yacido
yacemos	hemos	yacido
yacéis	habéis	yacido
yacen	han	yacido

Pret. imperf. (Bello : Copretérito)	Pret. pluscuamp. (Bello : Antecopretérito)	
yacía	había	yacido
yacías	habías	yacido
yacía	había	yacido
yacíamos	habíamos	yacido
yacíais	habíais	yacido
yacían	habían	yacido

Pret. perf. simple (Bello : Pretérito)	Pret. anterior (Bello : Antepretérito)	
yací	hube	yacido
yaciste	hubiste	yacido
yació	hubo	yacido
yacimos	hubimos	yacido
yacisteis	hubisteis	yacido
yacieron	hubieron	yacido

Futuro (Bello : Futuro)	Futuro perf. (Bello : Antefuturo)	
yaceré	habré	yacido
yacerás	habrás	yacido
yacerá	habrá	yacido
yaceremos	habremos	yacido
yaceréis	habréis	yacido
yacerán	habrán	yacido

Condicional (Bello : Pospretérito)	Condicional perf. (Bello : Antepospretérito)	
yacería	habría	yacido
yacerías	habrías	yacido
yacería	habría	yacido
yaceríamos	habríamos	yacido
yaceríais	habríais	yacido
yacerían	habrían	yacido

Presente (Bello : Presente)	Pret. perf. (Bello : Antepresente)	
yazca**	haya	yacido
yazcas	hayas	yacido
yazca	haya	yacido
yazcamos	hayamos	yacido
yazcáis	hayáis	yacido
yazcan	hayan	yacido

Pret. imperf. (Bello : Pretérito)	Pret. pluscuamp. (Bello : Antepretérito)	
yaciera o yaciese	hubiera o hubiese	yacido
yacieras o yacieses	hubieras o hubieses	yacido
yaciera o yaciese	hubiera o hubiese	yacido
yaciéramos o yaciésemos	hubiéramos o hubiésemos	yacido
yacierais o yacieseis	hubierais o hubieseis	yacido
yacieran o yaciesen	hubieran o hubiesen	yacido

Futuro (Bello : Futuro)	Futuro perf. (Bello : Antefuturo)	
yaciere	hubiere	yacido
yacieres	hubieres	yacido
yaciere	hubiere	yacido
yaciéremos	hubiéremos	yacido
yaciereis	hubiereis	yacido
yacieren	hubieren	yacido

IMPERATIVO

Presente	
yace o yaz	tú
yazca, yazga o yaga	él
yazcamos, yazgamos o yagamos	nosotros
yaced	vosotros
yazcan, yazgan o yagan	ellos

FORMAS NO PERSONALES

Infinitivo	Infinitivo compuesto
yacer	haber yacido
Gerundio	Gerundio compuesto
yaciendo	habiendo yacido
Participio	
yacido	

* o yazgo o yago
** o yazga o yaga, yazgas o yagas, etc.

57

35 parecer

INDICATIVO

Presente (Bello : Presente)	Pret. perf. comp. (Bello : Antepresente)	
parezco	he	parecido
pareces	has	parecido
parece	ha	parecido
parecemos	hemos	parecido
parecéis	habéis	parecido
parecen	han	parecido

Pret. imperf. (Bello : Copretérito)	Pret. pluscuamp. (Bello : Antecopretérito)	
parecía	había	parecido
parecías	habías	parecido
parecía	había	parecido
parecíamos	habíamos	parecido
parecíais	habíais	parecido
parecían	habían	parecido

Pret. perf. simple (Bello : Pretérito)	Pret. anterior (Bello : Antepretérito)	
parecí	hube	parecido
pareciste	hubiste	parecido
pareció	hubo	parecido
parecimos	hubimos	parecido
parecisteis	hubisteis	parecido
parecieron	hubieron	parecido

Futuro (Bello : Futuro)	Futuro perf. (Bello : Antefuturo)	
pareceré	habré	parecido
parecerás	habrás	parecido
parecerá	habrá	parecido
pareceremos	habremos	parecido
pareceréis	habréis	parecido
parecerán	habrán	parecido

Condicional (Bello : Pospretérito)	Condicional perf. (Bello : Antepospretérito)	
parecería	habría	parecido
parecerías	habrías	parecido
parecería	habría	parecido
pareceríamos	habríamos	parecido
pareceríais	habríais	parecido
parecerían	habrían	parecido

SUBJUNTIVO

Presente (Bello : Presente)	Pret. perf. (Bello : Antepresente)	
parezca	haya	parecido
parezcas	hayas	parecido
parezca	haya	parecido
parezcamos	hayamos	parecido
parezcáis	hayáis	parecido
parezcan	hayan	parecido

Pret. imperf. (Bello : Pretérito)	Pret. pluscuamp. (Bello : Antepretérito)	
pareciera	hubiera	
o pareciese	o hubiese	parecido
parecieras	hubieras	
o parecieses	o hubieses	parecido
pareciera	hubiera	
o pareciese	o hubiese	parecido
pareciéramos	hubiéramos	
o pareciésemos	o hubiésemos	parecido
parecierais	hubierais	
o parecieseis	o hubieseis	parecido
parecieran	hubieran	
o pareciesen	o hubiesen	parecido

Futuro (Bello : Futuro)	Futuro perf. (Bello : Antefuturo)	
pareciere	hubiere	parecido
parecieres	hubieres	parecido
pareciere	hubiere	parecido
pareciéremos	hubiéremos	parecido
pareciereis	hubiereis	parecido
parecieren	hubieren	parecido

IMPERATIVO

Presente

parece	tú
parezca	él
parezcamos	nosotros
pareced	vosotros
parezcan	ellos

FORMAS NO PERSONALES

Infinitivo parecer	Infinitivo compuesto haber parecido
Gerundio pareciendo	Gerundio compuesto habiendo parecido
Participio parecido	

36 nacer

——— INDICATIVO ———

Presente (Bello : Presente)	Pret. perf. comp. (Bello : Antepresente)	
nazco	he	nacido
naces	has	nacido
nace	ha	nacido
nacemos	hemos	nacido
nacéis	habéis	nacido
nacen	han	nacido

Pret. imperf. (Bello : Copretérito)	Pret. pluscuamp. (Bello : Antecopretérito)	
nacía	había	nacido
nacías	habías	nacido
nacía	había	nacido
nacíamos	habíamos	nacido
nacíais	habíais	nacido
nacían	habían	nacido

Pret. perf. simple (Bello : Pretérito)	Pret. anterior (Bello : Antepretérito)	
nací	hube	nacido
naciste	hubiste	nacido
nació	hubo	nacido
nacimos	hubimos	nacido
nacisteis	hubisteis	nacido
nacieron	hubieron	nacido

Futuro (Bello : Futuro)	Futuro perf. (Bello : Antefuturo)	
naceré	habré	nacido
nacerás	habrás	nacido
nacerá	habrá	nacido
naceremos	habremos	nacido
naceréis	habréis	nacido
nacerán	habrán	nacido

Condicional (Bello : Pospretérito)	Condicional perf. (Bello : Antepospretérito)	
nacería	habría	nacido
nacerías	habrías	nacido
nacería	habría	nacido
naceríamos	habríamos	nacido
naceríais	habríais	nacido
nacerían	habrían	nacido

——— SUBJUNTIVO ———

Presente (Bello : Presente)	Pret. perf. (Bello : Antepresente)	
nazca	haya	nacido
nazcas	hayas	nacido
nazca	haya	nacido
nazcamos	hayamos	nacido
nazcáis	hayáis	nacido
nazcan	hayan	nacido

Pret. imperf. (Bello : Pretérito)	Pret. pluscuamp. (Bello : Antepretérito)	
naciera	hubiera	
o naciese	o hubiese	nacido
nacieras	hubieras	
o nacieses	o hubieses	nacido
naciera	hubiera	
o naciese	o hubiese	nacido
naciéramos	hubiéramos	
o naciésemos	o hubiésemos	nacido
nacierais	hubierais	
o nacieseis	o hubieseis	nacido
nacieran	hubieran	
o naciesen	o hubiesen	nacido

Futuro (Bello : Futuro)	Futuro perf. (Bello : Antefuturo)	
naciere	hubiere	nacido
nacieres	hubieres	nacido
naciere	hubiere	nacido
naciéremos	hubiéremos	nacido
naciereis	hubiereis	nacido
nacieren	hubieren	nacido

——— IMPERATIVO ———

Presente

nace	tú
nazca	él
nazcamos	nosotros
naced	vosotros
nazcan	ellos

——— FORMAS NO PERSONALES ———

Infinitivo	Infinitivo compuesto
nacer	haber nacido
Gerundio	**Gerundio compuesto**
naciendo	habiendo nacido
Participio	
nacido	

37 conocer

INDICATIVO

Presente (Bello : Presente)	Pret. perf. comp. (Bello : Antepresente)	
conozco	he	conocido
conoces	has	conocido
conoce	ha	conocido
conocemos	hemos	conocido
conocéis	habéis	conocido
conocen	han	conocido

Pret. imperf. (Bello : Copretérito)	Pret. pluscuamp. (Bello : Antecopretérito)	
conocía	había	conocido
conocías	habías	conocido
conocía	había	conocido
conocíamos	habíamos	conocido
conocíais	habíais	conocido
conocían	habían	conocido

Pret. perf. simple (Bello : Pretérito)	Pret. anterior (Bello : Antepretérito)	
conocí	hube	conocido
conociste	hubiste	conocido
conoció	hubo	conocido
conocimos	hubimos	conocido
conocisteis	hubisteis	conocido
conocieron	hubieron	conocido

Futuro (Bello : Futuro)	Futuro perf. (Bello : Antefuturo)	
conoceré	habré	conocido
conocerás	habrás	conocido
conocerá	habrá	conocido
conoceremos	habremos	conocido
conoceréis	habréis	conocido
conocerán	habrán	conocido

Condicional (Bello : Pospretérito)	Condicional perf. (Bello : Antepospretérito)	
conocería	habría	conocido
conocerías	habrías	conocido
conocería	habría	conocido
conoceríamos	habríamos	conocido
conoceríais	habríais	conocido
conocerían	habrían	conocido

SUBJUNTIVO

Presente (Bello : Presente)	Pret. perf. (Bello : Antepresente)	
conozca	haya	conocido
conozcas	hayas	conocido
conozca	haya	conocido
conozcamos	hayamos	conocido
conozcáis	hayáis	conocido
conozcan	hayan	conocido

Pret. imperf. (Bello : Pretérito)	Pret. pluscuamp. (Bello : Antepretérito)	
conociera o conociese	hubiera o hubiese	conocido
conocieras o conocieses	hubieras o hubieses	conocido
conociera o conociese	hubiera o hubiese	conocido
conociéramos o conociésemos	hubiéramos o hubiésemos	conocido
conocierais o conocieseis	hubierais o hubieseis	conocido
conocieran o conociesen	hubieran o hubiesen	conocido

Futuro (Bello : Futuro)	Futuro perf. (Bello : Antefuturo)	
conociere	hubiere	conocido
conocieres	hubieres	conocido
conociere	hubiere	conocido
conociéremos	hubiéremos	conocido
conociereis	hubiereis	conocido
conocieren	hubieren	conocido

IMPERATIVO

Presente

conoce	tú
conozca	él
conozcamos	nosotros
conoced	vosotros
conozcan	ellos

FORMAS NO PERSONALES

Infinitivo	Infinitivo compuesto
conocer	haber conocido
Gerundio	**Gerundio compuesto**
conociendo	habiendo conocido
Participio	
conocido	

38 lucir

──── INDICATIVO ────

Presente (Bello : Presente)	Pret. perf. comp. (Bello : Antepresente)	
luzco	he	lucido
luces	has	lucido
luce	ha	lucido
lucimos	hemos	lucido
lucís	habéis	lucido
lucen	han	lucido

Pret. imperf. (Bello : Copretérito)	Pret. pluscuamp. (Bello : Antecopretérito)	
lucía	había	lucido
lucías	habías	lucido
lucía	había	lucido
lucíamos	habíamos	lucido
lucíais	habíais	lucido
lucían	habían	lucido

Pret. perf. simple (Bello : Pretérito)	Pret. anterior (Bello : Antepretérito)	
lucí	hube	lucido
luciste	hubiste	lucido
lució	hubo	lucido
lucimos	hubimos	lucido
lucisteis	hubisteis	lucido
lucieron	hubieron	lucido

Futuro (Bello : Futuro)	Futuro perf. (Bello : Antefuturo)	
luciré	habré	lucido
lucirás	habrás	lucido
lucirá	habrá	lucido
luciremos	habremos	lucido
luciréis	habréis	lucido
lucirán	habrán	lucido

Condicional (Bello : Pospretérito)	Condicional perf. (Bello : Antepospretérito)	
luciría	habría	lucido
lucirías	habrías	lucido
luciría	habría	lucido
luciríamos	habríamos	lucido
luciríais	habríais	lucido
lucirían	habrían	lucido

──── SUBJUNTIVO ────

Presente (Bello : Presente)	Pret. perf. (Bello : Antepresente)	
luzca	haya	lucido
luzcas	hayas	lucido
luzca	haya	lucido
luzcamos	hayamos	lucido
luzcáis	hayáis	lucido
luzcan	hayan	lucido

Pret. imperf. (Bello : Pretérito)	Pret. pluscuamp. (Bello : Antepretérito)	
luciera	hubiera	
o luciese	o hubiese	lucido
lucieras	hubieras	
o lucieses	o hubieses	lucido
luciera	hubiera	
o luciese	o hubiese	lucido
luciéramos	hubiéramos	
o luciésemos	o hubiésemos	lucido
lucierais	hubierais	
o lucieseis	o hubieseis	lucido
lucieran	hubieran	
o luciesen	o hubiesen	lucido

Futuro (Bello : Futuro)	Futuro perf. (Bello : Antefuturo)	
luciere	hubiere	lucido
lucieres	hubieres	lucido
luciere	hubiere	lucido
luciéremos	hubiéremos	lucido
luciereis	hubiereis	lucido
lucieren	hubieren	lucido

──── IMPERATIVO ────

Presente

luce	tú
luzca	él
luzcamos	nosotros
lucid	vosotros
luzcan	ellos

──── FORMAS NO PERSONALES ────

Infinitivo	Infinitivo compuesto
lucir	haber lucido
Gerundio	**Gerundio compuesto**
luciendo	habiendo lucido
Participio	
lucido	

39 conducir

INDICATIVO

Presente (Bello : Presente)	Pret. perf. comp. (Bello : Antepresente)	
conduzco	he	conducido
conduces	has	conducido
conduce	ha	conducido
conducimos	hemos	conducido
conducís	habéis	conducido
conducen	han	conducido

Pret. imperf. (Bello : Copretérito)	Pret. pluscuamp. (Bello : Antecopretérito)	
conducía	había	conducido
conducías	habías	conducido
conducía	había	conducido
conducíamos	habíamos	conducido
conducíais	habíais	conducido
conducían	habían	conducido

Pret. perf. simple (Bello : Pretérito)	Pret. anterior (Bello : Antepretérito)	
conduje	hube	conducido
condujiste	hubiste	conducido
condujo	hubo	conducido
condujimos	hubimos	conducido
condujisteis	hubisteis	conducido
condujeron	hubieron	conducido

Futuro (Bello : Futuro)	Futuro perf. (Bello : Antefuturo)	
conduciré	habré	conducido
conducirás	habrás	conducido
conducirá	habrá	conducido
conduciremos	habremos	conducido
conduciréis	habréis	conducido
conducirán	habrán	conducido

Condicional (Bello : Pospretérito)	Condicional perf. (Bello : Antepospretérito)	
conduciría	habría	conducido
conducirías	habrías	conducido
conduciría	habría	conducido
conduciríamos	habríamos	conducido
conduciríais	habríais	conducido
conducirían	habrían	conducido

SUBJUNTIVO

Presente (Bello : Presente)	Pret. perf. (Bello : Antepresente)	
conduzca	haya	conducido
conduzcas	hayas	conducido
conduzca	haya	conducido
conduzcamos	hayamos	conducido
conduzcáis	hayáis	conducido
conduzcan	hayan	conducido

Pret. imperf. (Bello : Pretérito)	Pret. pluscuamp. (Bello : Antepretérito)	
condujera	hubiera	
o condujese	o hubiese	conducido
condujeras	hubieras	
o condujeses	o hubieses	conducido
condujera	hubiera	
o condujese	o hubiese	conducido
condujéramos	hubiéramos	
o condujésemos	o hubiésemos	conducido
condujerais	hubierais	
o condujeseis	o hubieseis	conducido
condujeran	hubieran	
o condujesen	o hubiesen	conducido

Futuro (Bello : Futuro)	Futuro perf. (Bello : Antefuturo)	
condujere	hubiere	conducido
condujeres	hubieres	conducido
condujere	hubiere	conducido
condujéremos	hubiéremos	conducido
condujereis	hubiereis	conducido
condujeren	hubieren	conducido

IMPERATIVO

Presente

conduce	tú
conduzca	él
conduzcamos	nosotros
conducid	vosotros
conduzcan	ellos

FORMAS NO PERSONALES

Infinitivo	Infinitivo compuesto
conducir	haber conducido
Gerundio	Gerundio compuesto
conduciendo	habiendo conducido
Participio	
conducido	

62

40 placer

Presente (Bello : Presente)	Pret. perf. comp. (Bello : Antepresente)	
plazco	he	placido
places	has	placido
place	ha	placido
placemos	hemos	placido
placéis	habéis	placido
placen	han	placido

Pret. imperf. (Bello : Copretérito)	Pret. pluscuamp. (Bello : Antecopretérito)	
placía	había	placido
placías	habías	placido
placía	había	placido
placíamos	habíamos	placido
placíais	habíais	placido
placían	habían	placido

Pret. perf. simple (Bello : Pretérito)	Pret. anterior (Bello : Antepretérito)	
plací	hube	placido
placiste	hubiste	placido
plació o plugo	hubo	placido
placimos	hubimos	placido
placisteis	hubisteis	placido
placieron *	hubieron	placido

Futuro (Bello : Futuro)	Futuro perf. (Bello : Antefuturo)	
placeré	habré	placido
placerás	habrás	placido
placerá	habrá	placido
placeremos	habremos	placido
placeréis	habréis	placido
placerán	habrán	placido

Condicional (Bello : Pospretérito)	Condicional perf. (Bello : Antepospretérito)	
placería	habría	placido
placerías	habrías	placido
placería	habría	placido
placeríamos	habríamos	placido
placeríais	habríais	placido
placerían	habrían	placido

Presente (Bello : Presente)	Pret. perf. (Bello : Antepresente)	
plazca	haya	placido
plazcas	hayas	placido
plazca o plegue	haya	placido
plazcamos	hayamos	placido
plazcáis	hayáis	placido
plazcan	hayan	placido

Pret. imperf. (Bello : Pretérito)	Pret. pluscuamp. (Bello : Antepretérito)	
placiera	hubiera	
o placiese	o hubiese	placido
placieras	hubieras	
o placieses	o hubieses	placido
placiera	hubiera	
o placiese**	o hubiese	placido
placiéramos	hubiéramos	
o placiésemos	o hubiésemos	placido
placierais	hubierais	
o placieseis	o hubieseis	placido
placieran	hubieran	
o placiesen	o hubiesen	placido

Futuro (Bello : Futuro)	Futuro perf. (Bello : Antefuturo)	
placiere	hubiere	placido
placieres	hubieres	placido
placiere***	hubiere	placido
placiéremos	hubiéremos	placido
placiereis	hubiereis	placido
placieren	hubieren	placido

──── IMPERATIVO ────

Presente

place	tú
plazca	él
plazcamos	nosotros
placed	vosotros
plazcan	ellos

──── FORMAS NO PERSONALES ────

Infinitivo placer	Infinitivo compuesto haber placido
Gerundio placiendo	Gerundio compuesto habiendo placido
Participio placido	

* o pluguieron
** o pluguiera, pluguiese
*** o pluguiere

41 asir

Presente (Bello : Presente)	Pret. perf. comp. (Bello : Antepresente)	
asgo	he	asido
ases	has	asido
ase	ha	asido
asimos	hemos	asido
asís	habéis	asido
asen	han	asido

Pret. imperf. (Bello : Copretérito)	Pret. pluscuamp. (Bello : Antecopretérito)	
asía	había	asido
asías	habías	asido
asía	había	asido
asíamos	habíamos	asido
asíais	habíais	asido
asían	habían	asido

Pret. perf. simple (Bello : Pretérito)	Pret. anterior (Bello : Antepretérito)	
así	hube	asido
asiste	hubiste	asido
asió	hubo	asido
asimos	hubimos	asido
asisteis	hubisteis	asido
asieron	hubieron	asido

Futuro (Bello : Futuro)	Futuro perf. (Bello : Antefuturo)	
asiré	habré	asido
asirás	habrás	asido
asirá	habrá	asido
asiremos	habremos	asido
asiréis	habréis	asido
asirán	habrán	asido

Condicional (Bello : Pospretérito)	Condicional perf. (Bello : Antepospretérito)	
asiría	habría	asido
asirías	habrías	asido
asiría	habría	asido
asiríamos	habríamos	asido
asiríais	habríais	asido
asirían	habrían	asido

Presente (Bello : Presente)	Pret. perf. (Bello : Antepresente)	
asga	haya	asido
asgas	hayas	asido
asga	haya	asido
asgamos	hayamos	asido
asgáis	hayáis	asido
asgan	hayan	asido

Pret. imperf. (Bello : Pretérito)	Pret. pluscuamp. (Bello : Antepretérito)	
asiera	hubiera	
o asiese	o hubiese	asido
asieras	hubieras	
o asieses	o hubieses	asido
asiera	hubiera	
o asiese	o hubiese	asido
asiéramos	hubiéramos	
o asiésemos	o hubiésemos	asido
asierais	hubierais	
o asieseis	o hubieseis	asido
asieran	hubieran	
o asiesen	o hubiesen	asido

Futuro (Bello : Futuro)	Futuro perf. (Bello : Antefuturo)	
asiere	hubiere	asido
asieres	hubieres	asido
asiere	hubiere	asido
asiéremos	hubiéremos	asido
asiereis	hubiereis	asido
asieren	hubieren	asido

Presente

ase	tú
asga	él
asgamos	nosotros
asid	vosotros
asgan	ellos

Infinitivo	Infinitivo compuesto
asir	haber asido
Gerundio	**Gerundio compuesto**
asiendo	habiendo asido
Participio	
asido	

42 salir

—— INDICATIVO ——

Presente (Bello : Presente)	Pret. perf. comp. (Bello : Antepresente)	
salgo	he	salido
sales	has	salido
sale	ha	salido
salimos	hemos	salido
salís	habéis	salido
salen	han	salido

Pret. imperf. (Bello : Copretérito)	Pret. pluscuamp. (Bello : Antecopretérito)	
salía	había	salido
salías	habías	salido
salía	había	salido
salíamos	habíamos	salido
salíais	habíais	salido
salían	habían	salido

Pret. perf. simple (Bello : Pretérito)	Pret. anterior (Bello : Antepretérito)	
salí	hube	salido
saliste	hubiste	salido
salió	hubo	salido
salimos	hubimos	salido
salisteis	hubisteis	salido
salieron	hubieron	salido

Futuro (Bello : Futuro)	Futuro perf. (Bello : Antefuturo)	
saldré	habré	salido
saldrás	habrás	salido
saldrá	habrá	salido
saldremos	habremos	salido
saldréis	habréis	salido
saldrán	habrán	salido

Condicional (Bello : Pospretérito)	Condicional perf. (Bello : Antepospretérito)	
saldría	habría	salido
saldrías	habrías	salido
saldría	habría	salido
saldríamos	habríamos	salido
saldríais	habríais	salido
saldrían	habrían	salido

—— SUBJUNTIVO ——

Presente (Bello : Presente)	Pret. perf. (Bello : Antepresente)	
salga	haya	salido
salgas	hayas	salido
salga	haya	salido
salgamos	hayamos	salido
salgáis	hayáis	salido
salgan	hayan	salido

Pret. imperf. (Bello : Pretérito)	Pret. pluscuamp. (Bello : Antepretérito)	
saliera	hubiera	
o saliese	o hubiese	salido
salieras	hubieras	
o salieses	o hubieses	salido
saliera	hubiera	
o saliese	o hubiese	salido
saliéramos	hubiéramos	
o saliésemos	o hubiésemos	salido
salierais	hubierais	
o salieseis	o hubieseis	salido
salieran	hubieran	
o saliesen	o hubiesen	salido

Futuro (Bello : Futuro)	Futuro perf. (Bello : Antefuturo)	
saliere	hubiere	salido
salieres	hubieres	salido
saliere	hubiere	salido
saliéremos	hubiéremos	salido
saliereis	hubiereis	salido
salieren	hubieren	salido

—— IMPERATIVO ——

Presente

sal	tú
salga	él
salgamos	nosotros
salid	vosotros
salgan	ellos

—— FORMAS NO PERSONALES ——

Infinitivo	Infinitivo compuesto
salir	haber salido
Gerundio	**Gerundio compuesto**
saliendo	habiendo salido
Participio	
salido	

43 valer

___ INDICATIVO ___

Presente (Bello : Presente)	Pret. perf. comp. (Bello : Antepresente)	
valgo	he	valido
vales	has	valido
vale	ha	valido
valemos	hemos	valido
valéis	habéis	valido
valen	han	valido

Pret. imperf. (Bello : Copretérito)	Pret. pluscuamp. (Bello : Antecopretérito)	
valía	había	valido
valías	habías	valido
valía	había	valido
valíamos	habíamos	valido
valíais	habíais	valido
valían	habían	valido

Pret. perf. simple (Bello : Pretérito)	Pret. anterior (Bello : Antepretérito)	
valí	hube	valido
valiste	hubiste	valido
valió	hubo	valido
valimos	hubimos	valido
valisteis	hubisteis	valido
valieron	hubieron	valido

Futuro (Bello : Futuro)	Futuro perf. (Bello : Antefuturo)	
valdré	habré	valido
valdrás	habrás	valido
valdrá	habrá	valido
valdremos	habremos	valido
valdréis	habréis	valido
valdrán	habrán	valido

Condicional (Bello : Pospretérito)	Condicional perf. (Bello : Antepospretérito)	
valdría	habría	valido
valdrías	habrías	valido
valdría	habría	valido
valdríamos	habríamos	valido
valdríais	habríais	valido
valdrían	habrían	valido

___ SUBJUNTIVO ___

Presente (Bello : Presente)	Pret. perf. (Bello : Antepresente)	
valga	haya	valido
valgas	hayas	valido
valga	haya	valido
valgamos	hayamos	valido
valgáis	hayáis	valido
valgan	hayan	valido

Pret. imperf. (Bello : Pretérito)	Pret. pluscuamp. (Bello : Antepretérito)	
valiera	hubiera	
o valiese	o hubiese	valido
valieras	hubieras	
o valieses	o hubieses	valido
valiera	hubiera	
o valiese	o hubiese	valido
valiéramos	hubiéramos	
o valiésemos	o hubiésemos	valido
valierais	hubierais	
o valieseis	o hubieseis	valido
valieran	hubieran	
o valiesen	o hubiesen	valido

Futuro (Bello : Futuro)	Futuro perf. (Bello : Antefuturo)	
valiere	hubiere	valido
valieres	hubieres	valido
valiere	hubiere	valido
valiéremos	hubiéremos	valido
valiereis	hubiereis	valido
valieren	hubieren	valido

___ IMPERATIVO ___

Presente

vale	tú
valga	él
valgamos	nosotros
valed	vosotros
valgan	ellos

___ FORMAS NO PERSONALES ___

Infinitivo	Infinitivo compuesto
valer	haber valido
Gerundio	**Gerundio compuesto**
valiendo	habiendo valido
Participio	
valido	

44 huir

——— INDICATIVO ———

Presente (Bello : Presente)		Pret. perf. comp. (Bello : Antepresente)	
huyo		he	huido
huyes		has	huido
huye		ha	huido
huimos		hemos	huido
huís		habéis	huido
huyen		han	huido

Pret. imperf. (Bello : Copretérito)		Pret. pluscuamp. (Bello : Antecopretérito)	
huía		había	huido
huías		habías	huido
huía		había	huido
huíamos		habíamos	huido
huíais		habíais	huido
huían		habían	huido

Pret. perf. simple (Bello : Pretérito)		Pret. anterior (Bello : Antepretérito)	
huí		hube	huido
huiste		hubiste	huido
huyó		hubo	huido
huimos		hubimos	huido
huisteis		hubisteis	huido
huyeron		hubieron	huido

Futuro (Bello : Futuro)		Futuro perf. (Bello : Antefuturo)	
huiré		habré	huido
huirás		habrás	huido
huirá		habrá	huido
huiremos		habremos	huido
huiréis		habréis	huido
huirán		habrán	huido

Condicional (Bello : Pospretérito)		Condicional perf. (Bello : Antepospretérito)	
huiría		habría	huido
huirías		habrías	huido
huiría		habría	huido
huiríamos		habríamos	huido
huiríais		habríais	huido
huirían		habrían	huido

——— SUBJUNTIVO ———

Presente (Bello : Presente)		Pret. perf. (Bello : Antepresente)	
huya		haya	huido
huyas		hayas	huido
huya		haya	huido
huyamos		hayamos	huido
huyáis		hayáis	huido
huyan		hayan	huido

Pret. imperf. (Bello : Pretérito)		Pret. pluscuamp. (Bello : Antepretérito)	
huyera		hubiera	
o huyese		o hubiese	huido
huyeras		hubieras	
o huyeses		o hubieses	huido
huyera		hubiera	
o huyese		o hubiese	huido
huyéramos		hubiéramos	
o huyésemos		o hubiésemos	huido
huyerais		hubierais	
o huyeseis		o hubieseis	huido
huyeran		hubieran	
o huyesen		o hubiesen	huido

Futuro (Bello : Futuro)		Futuro perf. (Bello : Antefuturo)	
huyere		hubiere	huido
huyeres		hubieres	huido
huyere		hubiere	huido
huyéremos		hubiéremos	huido
huyereis		hubiereis	huido
huyeren		hubieren	huido

——— IMPERATIVO ———

Presente

huye	tú
huya	él
huyamos	nosotros
huid	vosotros
huyan	ellos

——— FORMAS NO PERSONALES ———

Infinitivo	Infinitivo compuesto
huir	haber huido

Gerundio	Gerundio compuesto
huyendo	habiendo huido

Participio	
huido	

45 oír

Presente (Bello : Presente)	Pret. perf. comp. (Bello : Antepresente)	
oigo	he	oído
oyes	has	oído
oye	ha	oído
oímos	hemos	oído
oís	habéis	oído
oyen	han	oído

Pret. imperf. (Bello : Copretérito)	Pret. pluscuamp. (Bello : Antecopretérito)	
oía	había	oído
oías	habías	oído
oía	había	oído
oíamos	habíamos	oído
oíais	habíais	oído
oían	habían	oído

Pret. perf. simple (Bello : Pretérito)	Pret. anterior (Bello : Antepretérito)	
oí	hube	oído
oíste	hubiste	oído
oyó	hubo	oído
oímos	hubimos	oído
oísteis	hubisteis	oído
oyeron	hubieron	oído

Futuro (Bello : Futuro)	Futuro perf. (Bello : Antefuturo)	
oiré	habré	oído
oirás	habrás	oído
oirá	habrá	oído
oiremos	habremos	oído
oiréis	habréis	oído
oirán	habrán	oído

Condicional (Bello : Pospretérito)	Condicional perf. (Bello : Antepospretérito)	
oiría	habría	oído
oirías	habrías	oído
oiría	habría	oído
oiríamos	habríamos	oído
oiríais	habríais	oído
oirían	habrían	oído

Presente (Bello : Presente)	Pret. perf. (Bello : Antepresente)	
oiga	haya	oído
oigas	hayas	oído
oiga	haya	oído
oigamos	hayamos	oído
oigáis	hayáis	oído
oigan	hayan	oído

Pret. imperf. (Bello : Pretérito)	Pret. pluscuamp. (Bello : Antepretérito)	
oyera	hubiera	
u oyese	o hubiese	oído
oyeras	hubieras	
u oyeses	o hubieses	oído
oyera	hubiera	
u oyese	o hubiese	oído
oyéramos	hubiéramos	
u oyésemos	o hubiésemos	oído
oyerais	hubierais	
u oyeseis	o hubieseis	oído
oyeran	hubieran	
u oyesen	o hubiesen	oído

Futuro (Bello : Futuro)	Futuro perf. (Bello : Antefuturo)	
oyere	hubiere	oído
oyeres	hubieres	oído
oyere	hubiere	oído
oyéremos	hubiéremos	oído
oyereis	hubiereis	oído
oyeren	hubieren	oído

Presente

oye	tú
oiga	él
oigamos	nosotros
oíd	vosotros
oigan	ellos

Infinitivo	Infinitivo compuesto
oír	haber oído

Gerundio	Gerundio compuesto
oyendo	habiendo oído

Participio	
oído	

68

46 decir

──── **INDICATIVO** ────

Presente (Bello : Presente)	Pret. perf. comp. (Bello : Antepresente)	
digo	he	dicho
dices	has	dicho
dice	ha	dicho
decimos	hemos	dicho
decís	habéis	dicho
dicen	han	dicho

Pret. imperf. (Bello : Copretérito)	Pret. pluscuamp. (Bello : Antecopretérito)	
decía	había	dicho
decías	habías	dicho
decía	había	dicho
decíamos	habíamos	dicho
decíais	habíais	dicho
decían	habían	dicho

Pret. perf. simple (Bello : Pretérito)	Pret. anterior (Bello : Antepretérito)	
dije	hube	dicho
dijiste	hubiste	dicho
dijo	hubo	dicho
dijimos	hubimos	dicho
dijisteis	hubisteis	dicho
dijeron	hubieron	dicho

Futuro (Bello : Futuro)	Futuro perf. (Bello : Antefuturo)	
diré	habré	dicho
dirás	habrás	dicho
dirá	habrá	dicho
diremos	habremos	dicho
diréis	habréis	dicho
dirán	habrán	dicho

Condicional (Bello : Pospretérito)	Condicional perf. (Bello : Antepospretérito)	
diría	habría	dicho
dirías	habrías	dicho
diría	habría	dicho
diríamos	habríamos	dicho
diríais	habríais	dicho
dirían	habrían	dicho

──── **SUBJUNTIVO** ────

Presente (Bello : Presente)	Pret. perf. (Bello : Antepresente)	
diga	haya	dicho
digas	hayas	dicho
diga	haya	dicho
digamos	hayamos	dicho
digáis	hayáis	dicho
digan	hayan	dicho

Pret. imperf. (Bello : Pretérito)	Pret. pluscuamp. (Bello : Antepretérito)	
dijera	hubiera	
o dijese	o hubiese	dicho
dijeras	hubieras	
o dijeses	o hubieses	dicho
dijera	hubiera	
o dijese	o hubiese	dicho
dijéramos	hubiéramos	
o dijésemos	o hubiésemos	dicho
dijerais	hubierais	
o dijeseis	o hubieseis	dicho
dijeran	hubieran	
o dijesen	o hubiesen	dicho

Futuro (Bello : Futuro)	Futuro perf. (Bello : Antefuturo)	
dijere	hubiere	dicho
dijeres	hubieres	dicho
dijere	hubiere	dicho
dijéremos	hubiéremos	dicho
dijereis	hubiereis	dicho
dijeren	hubieren	dicho

──── **IMPERATIVO** ────

Presente

di	tú
diga	él
digamos	nosotros
decid	vosotros
digan	ellos

──── **FORMAS NO PERSONALES** ────

Infinitivo decir	Infinitivo compuesto haber dicho
Gerundio ↙ diciendo	Gerundio compuesto habiendo dicho
Participio dicho	

47 predecir

___ INDICATIVO ___

Presente (Bello : Presente)	Pret. perf. comp. (Bello : Antepresente)	
predigo	he	predicho
predices	has	predicho
predice	ha	predicho
predecimos	hemos	predicho
predecís	habéis	predicho
predicen	han	predicho

Pret. imperf. (Bello : Copretérito)	Pret. pluscuamp. (Bello : Antecopretérito)	
predecía	había	predicho
predecías	habías	predicho
predecía	había	predicho
predecíamos	habíamos	predicho
predecíais	habíais	predicho
predecían	habían	predicho

Pret. perf. simple (Bello : Pretérito)	Pret. anterior (Bello : Antepretérito)	
predije	hube	predicho
predijiste	hubiste	predicho
predijo	hubo	predicho
predijimos	hubimos	predicho
predijisteis	hubisteis	predicho
predijeron	hubieron	predicho

Futuro (Bello : Futuro)	Futuro perf. (Bello : Antefuturo)	
prediciré	habré	predicho
predicirás	habrás	predicho
predicirá	habrá	predicho
prediciremos	habremos	predicho
prediciréis	habréis	predicho
predicirán	habrán	predicho

Condicional (Bello : Pospretérito)	Condicional perf. (Bello : Antepospretérito)	
prediciría	habría	predicho
predicirías	habrías	predicho
prediciría	habría	predicho
prediciríamos	habríamos	predicho
prediciríais	habríais	predicho
predicirían	habrían	predicho

___ SUBJUNTIVO ___

Presente (Bello : Presente)	Pret. perf. (Bello : Antepresente)	
prediga	haya	predicho
predigas	hayas	predicho
prediga	haya	predicho
predigamos	hayamos	predicho
predigáis	hayáis	predicho
predigan	hayan	predicho

Pret. imperf. (Bello : Pretérito)	Pret. pluscuamp. (Bello : Antepretérito)	
predijera	hubiera	
o predijese	o hubiese	predicho
predijeras	hubieras	
o predijeses	o hubieses	predicho
predijera	hubiera	
o predijese	o hubiese	predicho
predijéramos	hubiéramos	
o predijésemos	o hubiésemos	predicho
predijerais	hubierais	
o predijeseis	o hubieseis	predicho
predijeran	hubieran	
o predijesen	o hubiesen	predicho

Futuro (Bello : Futuro)	Futuro perf. (Bello : Antefuturo)	
predijere	hubiere	predicho
predijeres	hubieres	predicho
predijere	hubiere	predicho
predijéremos	hubiéremos	predicho
predijereis	hubiereis	predicho
predijeren	hubieren	predicho

___ IMPERATIVO ___

Presente

predice	tú
prediga	él
predigamos	nosotros
predecid	vosotros
predigan	ellos

___ FORMAS NO PERSONALES ___

Infinitivo	Infinitivo compuesto
predecir	haber predicho
Gerundio	**Gerundio compuesto**
prediciendo	habiendo predicho
Participio	
predicho	

48 caber

—— INDICATIVO ——

Presente (Bello : Presente)	Pret. perf. comp. (Bello : Antepresente)	
quepo	he	cabido
cabes	has	cabido
cabe	ha	cabido
cabemos	hemos	cabido
cabéis	habéis	cabido
caben	han	cabido

Pret. imperf. (Bello : Copretérito)	Pret. pluscuamp. (Bello : Antecopretérito)	
cabía	había	cabido
cabías	habías	cabido
cabía	había	cabido
cabíamos	habíamos	cabido
cabíais	habíais	cabido
cabían	habían	cabido

Pret. perf. simple (Bello : Pretérito)	Pret. anterior (Bello : Antepretérito)	
cupe	hube	cabido
cupiste	hubiste	cabido
cupo	hubo	cabido
cupimos	hubimos	cabido
cupisteis	hubisteis	cabido
cupieron	hubieron	cabido

Futuro (Bello : Futuro)	Futuro perf. (Bello : Antefuturo)	
cabré	habré	cabido
cabrás	habrás	cabido
cabrá	habrá	cabido
cabremos	habremos	cabido
cabréis	habréis	cabido
cabrán	habrán	cabido

Condicional (Bello : Pospretérito)	Condicional perf. (Bello : Antepospretérito)	
cabría	habría	cabido
cabrías	habrías	cabido
cabría	habría	cabido
cabríamos	habríamos	cabido
cabríais	habríais	cabido
cabrían	habrían	cabido

—— SUBJUNTIVO ——

Presente (Bello : Presente)	Pret. perf. (Bello : Antepresente)	
quepa	haya	cabido
quepas	hayas	cabido
quepa	haya	cabido
quepamos	hayamos	cabido
quepáis	hayáis	cabido
quepan	hayan	cabido

Pret. imperf. (Bello : Pretérito)	Pret. pluscuamp. (Bello : Antepretérito)	
cupiera	hubiera	
o cupiese	o hubiese	cabido
cupieras	hubieras	
o cupieses	o hubieses	cabido
cupiera	hubiera	
o cupiese	o hubiese	cabido
cupiéramos	hubiéramos	
o cupiésemos	o hubiésemos	cabido
cupierais	hubierais	
o cupieseis	o hubieseis	cabido
cupieran	hubieran	
o cupiesen	o hubiesen	cabido

Futuro (Bello : Futuro)	Futuro perf. (Bello : Antefuturo)	
cupiere	hubiere	cabido
cupieres	hubieres	cabido
cupiere	hubiere	cabido
cupiéremos	hubiéremos	cabido
cupiereis	hubiereis	cabido
cupieren	hubieren	cabido

—— IMPERATIVO ——

Presente

cabe	tú
quepa	él
quepamos	nosotros
cabed	vosotros
quepan	ellos

—— FORMAS NO PERSONALES ——

Infinitivo	Infinitivo compuesto
caber	haber cabido

Gerundio	Gerundio compuesto
cabiendo	habiendo cabido

Participio	
cabido	

49 saber

Presente (Bello : Presente)	Pret. perf. comp. (Bello : Antepresente)	
sé	he	sabido
sabes	has	sabido
sabe	ha	sabido
sabemos	hemos	sabido
sabéis	habéis	sabido
saben	han	sabido

Pret. imperf. (Bello : Copretérito)	Pret. pluscuamp. (Bello : Antecopretérito)	
sabía	había	sabido
sabías	habías	sabido
sabía	había	sabido
sabíamos	habíamos	sabido
sabíais	habíais	sabido
sabían	habían	sabido

Pret. perf. simple (Bello : Pretérito)	Pret. anterior (Bello : Antepretérito)	
supe	hube	sabido
supiste	hubiste	sabido
supo	hubo	sabido
supimos	hubimos	sabido
supisteis	hubisteis	sabido
supieron	hubieron	sabido

Futuro (Bello : Futuro)	Futuro perf. (Bello : Antefuturo)	
sabré	habré	sabido
sabrás	habrás	sabido
sabrá	habrá	sabido
sabremos	habremos	sabido
sabréis	habréis	sabido
sabrán	habrán	sabido

Condicional (Bello : Pospretérito)	Condicional perf. (Bello : Antepospretérito)	
sabría	habría	sabido
sabrías	habrías	sabido
sabría	habría	sabido
sabríamos	habríamos	sabido
sabríais	habríais	sabido
sabrían	habrían	sabido

————— SUBJUNTIVO —————

Presente (Bello : Presente)	Pret. perf. (Bello : Antepresente)	
sepa	haya	sabido
sepas	hayas	sabido
sepa	haya	sabido
sepamos	hayamos	sabido
sepáis	hayáis	sabido
sepan	hayan	sabido

Pret. imperf. (Bello : Pretérito)	Pret. pluscuamp. (Bello : Antepretérito)	
supiera	hubiera	
o supiese	o hubiese	sabido
supieras	hubieras	
o supieses	o hubieses	sabido
supiera	hubiera	
o supiese	o hubiese	sabido
supiéramos	hubiéramos	
o supiésemos	o hubiésemos	sabido
supierais	hubierais	
o supieseis	o hubieseis	sabido
supieran	hubieran	
o supiesen	o hubiesen	sabido

Futuro (Bello : Futuro)	Futuro perf. (Bello : Antefuturo)	
supiere	hubiere	sabido
supieres	hubieres	sabido
supiere	hubiere	sabido
supiéremos	hubiéremos	sabido
supiereis	hubiereis	sabido
supieren	hubieren	sabido

————— IMPERATIVO —————

Presente

sabe	tú
sepa	él
sepamos	nosotros
sabed	vosotros
sepan	ellos

————— FORMAS NO PERSONALES —————

Infinitivo saber	Infinitivo compuesto haber sabido
Gerundio sabiendo	Gerundio compuesto habiendo sabido
Participio sabido	

50 caer

——— INDICATIVO ———

Presente (Bello : Presente)	Pret. perf. comp. (Bello : Antepresente)	
caigo	he	caído
caes	has	caído
cae	ha	caído
caemos	hemos	caído
caéis	habéis	caído
caen	han	caído

Pret. imperf. (Bello : Copretérito)	Pret. pluscuamp. (Bello : Antecopretérito)	
caía	había	caído
caías	habías	caído
caía	había	caído
caíamos	habíamos	caído
caíais	habíais	caído
caían	habían	caído

Pret. perf. simple (Bello : Pretérito)	Pret. anterior (Bello : Antepretérito)	
caí	hube	caído
caíste	hubiste	caído
cayó	hubo	caído
caímos	hubimos	caído
caísteis	hubisteis	caído
cayeron	hubieron	caído

Futuro (Bello : Futuro)	Futuro perf. (Bello : Antefuturo)	
caeré	habré	caído
caerás	habrás	caído
caerá	habrá	caído
caeremos	habremos	caído
caeréis	habréis	caído
caerán	habrán	caído

Condicional (Bello : Pospretérito)	Condicional perf. (Bello : Antepospretérito)	
caería	habría	caído
caerías	habrías	caído
caería	habría	caído
caeríamos	habríamos	caído
caeríais	habríais	caído
caerían	habrían	caído

——— SUBJUNTIVO ———

Presente (Bello : Presente)	Pret. perf. (Bello : Antepresente)	
caiga	haya	caído
caigas	hayas	caído
caiga	haya	caído
caigamos	hayamos	caído
caigáis	hayáis	caído
caigan	hayan	caído

Pret. imperf. (Bello : Pretérito)	Pret. pluscuamp. (Bello : Antepretérito)	
cayera	hubiera	
o cayese	o hubiese	caído
cayeras	hubieras	
o cayeses	o hubieses	caído
cayera	hubiera	
o cayese	o hubiese	caído
cayéramos	hubiéramos	
o cayésemos	o hubiésemos	caído
cayerais	hubierais	
o cayeseis	o hubieseis	caído
cayeran	hubieran	
o cayesen	o hubiesen	caído

Futuro (Bello : Futuro)	Futuro perf. (Bello : Antefuturo)	
cayere	hubiere	caído
cayeres	hubieres	caído
cayere	hubiere	caído
cayéremos	hubiéremos	caído
cayereis	hubiereis	caído
cayeren	hubieren	caído

——— IMPERATIVO ———

Presente

cae	tú
caiga	él
caigamos	nosotros
caed	vosotros
caigan	ellos

——— FORMAS NO PERSONALES ———

Infinitivo	Infinitivo compuesto
caer	haber caído
Gerundio	**Gerundio compuesto**
cayendo	habiendo caído
Participio	
caído	

51 traer

INDICATIVO

Presente (Bello : Presente)	Pret. perf. comp. (Bello : Antepresente)	
traigo	he	traído
traes	has	traído
trae	ha	traído
traemos	hemos	traído
traéis	habéis	traído
traen	han	traído

Pret. imperf. (Bello : Copretérito)	Pret. pluscuamp. (Bello : Antecopretérito)	
traía	había	traído
traías	habías	traído
traía	había	traído
traíamos	habíamos	traído
traíais	habíais	traído
traían	habían	traído

Pret. perf. simple (Bello : Pretérito)	Pret. anterior (Bello : Antepretérito)	
traje	hube	traído
trajiste	hubiste	traído
trajo	hubo	traído
trajimos	hubimos	traído
trajisteis	hubisteis	traído
trajeron	hubieron	traído

Futuro (Bello : Futuro)	Futuro perf. (Bello : Antefuturo)	
traeré	habré	traído
traerás	habrás	traído
traerá	habrá	traído
traeremos	habremos	traído
traeréis	habréis	traído
traerán	habrán	traído

Condicional (Bello : Pospretérito)	Condicional perf. (Bello : Antepospretérito)	
traería	habría	traído
traerías	habrías	traído
traería	habría	traído
traeríamos	habríamos	traído
traeríais	habríais	traído
traerían	habrían	traído

SUBJUNTIVO

Presente (Bello : Presente)	Pret. perf. (Bello : Antepresente)	
traiga	haya	traído
traigas	hayas	traído
traiga	haya	traído
traigamos	hayamos	traído
traigáis	hayáis	traído
traigan	hayan	traído

Pret. imperf. (Bello : Pretérito)	Pret. pluscuamp. (Bello : Antepretérito)	
trajera	hubiera	
o trajese	o hubiese	traído
trajeras	hubieras	
o trajeses	o hubieses	traído
trajera	hubiera	
o trajese	o hubiese	traído
trajéramos	hubiéramos	
o trajésemos	o hubiésemos	traído
trajerais	hubierais	
o trajeseis	o hubieseis	traído
trajeran	hubieran	
o trajesen	o hubiesen	traído

Futuro (Bello : Futuro)	Futuro perf. (Bello : Antefuturo)	
trajere	hubiere	traído
trajeres	hubieres	traído
trajere	hubiere	traído
trajéremos	hubiéremos	traído
trajereis	hubiereis	traído
trajeren	hubieren	traído

IMPERATIVO

Presente

trae	tú
traiga	él
traigamos	nosotros
traed	vosotros
traigan	ellos

FORMAS NO PERSONALES

Infinitivo traer	Infinitivo compuesto haber traído
Gerundio trayendo	Gerundio compuesto habiendo traído
Participio traído	

52 raer

---- **INDICATIVO** ----   ---- **SUBJUNTIVO** ----

Presente (Bello : Presente)	Pret. perf. comp. (Bello : Antepresente)		Presente (Bello : Presente)	Pret. perf. (Bello : Antepresente)	
rao*	he	raído	raiga**	haya	raído
raes	has	raído	raigas	hayas	raído
rae	ha	raído	raiga	haya	raído
raemos	hemos	raído	raigamos	hayamos	raído
raéis	habéis	raído	raigáis	hayáis	raído
raen	han	raído	raigan	hayan	raído

Pret. imperf. (Bello : Copretérito)	Pret. pluscuamp. (Bello : Antecopretérito)		Pret. imperf. (Bello : Pretérito)	Pret. pluscuamp. (Bello : Antepretérito)	
raía	había	raído	rayera	hubiera	
raías	habías	raído	o rayese	o hubiese	raído
raía	había	raído	rayeras	hubieras	
raíamos	habíamos	raído	o rayeses	o hubieses	raído
raíais	habíais	raído	rayera	hubiera	
raían	habían	raído	o rayese	o hubiese	raído
			rayéramos	hubiéramos	
			o rayésemos	o hubiésemos	raído

Pret. perf. simple (Bello : Pretérito)	Pret. anterior (Bello : Antepretérito)	
raí	hube	raído
raíste	hubiste	raído
rayó	hubo	raído
raímos	hubimos	raído
raísteis	hubisteis	raído
rayeron	hubieron	raído

(continuación subjuntivo)
rayerais	hubierais	
o rayeseis	o hubieseis	raído
rayeran	hubieran	
o rayesen	o hubiesen	raído

Futuro (Bello : Futuro)	Futuro perf. (Bello : Antefuturo)	
rayere	hubiere	raído
rayeres	hubieres	raído
rayere	hubiere	raído
rayéremos	hubiéremos	raído
rayereis	hubiereis	raído
rayeren	hubieren	raído

Futuro (Bello : Futuro)	Futuro perf. (Bello : Antefuturo)	
raeré	habré	raído
raerás	habrás	raído
raerá	habrá	raído
raeremos	habremos	raído
raeréis	habréis	raído
raerán	habrán	raído

---- **IMPERATIVO** ----

Presente

rae	tú
raiga o raya	él
raigamos o rayamos	nosotros
raed	vosotros
raigan o rayan	ellos

Condicional (Bello : Pospretérito)	Condicional perf. (Bello : Antepospretérito)	
raería	habría	raído
raerías	habrías	raído
raería	habría	raído
raeríamos	habríamos	raído
raeríais	habríais	raído
raerían	habrían	raído

---- **FORMAS NO PERSONALES** ----

Infinitivo	Infinitivo compuesto
raer	haber raído
Gerundio	**Gerundio compuesto**
rayendo	habiendo raído
Participio	
raído	

 * o raigo o rayo
** o raya, rayas, etc.

53 roer

Presente (Bello : Presente)	Pret. perf. comp. (Bello : Antepresente)	
roo*	he	roído
roes	has	roído
roe	ha	roído
roemos	hemos	roído
roéis	habéis	roído
roen	han	roído

Pret. imperf. (Bello : Copretérito)	Pret. pluscuamp. (Bello : Antecopretérito)	
roía	había	roído
roías	habías	roído
roía	había	roído
roíamos	habíamos	roído
roíais	habíais	roído
roían	habían	roído

Pret. perf. simple (Bello : Pretérito)	Pret. anterior (Bello : Antepretérito)	
roí	hube	roído
roíste	hubiste	roído
royó	hubo	roído
roímos	hubimos	roído
roísteis	hubisteis	roído
royeron	hubieron	roído

Futuro (Bello : Futuro)	Futuro perf. (Bello : Antefuturo)	
roeré	habré	roído
roerás	habrás	roído
roerá	habrá	roído
roeremos	habremos	roído
roeréis	habréis	roído
roerán	habrán	roído

Condicional (Bello : Pospretérito)	Condicional perf. (Bello : Antepospretérito)	
roería	habría	roído
roerías	habrías	roído
roería	habría	roído
roeríamos	habríamos	roído
roeríais	habríais	roído
roerían	habrían	roído

* o roigo o royo
** o roiga o roya, roigas o royas, etc.

SUBJUNTIVO

Presente (Bello : Presente)	Pret. perf. (Bello : Antepresente)	
roa**	haya	roído
roas	hayas	roído
roa	haya	roído
roamos	hayamos	roído
roáis	hayáis	roído
roan	hayan	roído

Pret. imperf. (Bello : Pretérito)	Pret. pluscuamp. (Bello : Antepretérito)	
royera	hubiera	
o royese	o hubiese	roído
royeras	hubieras	
o royeses	o hubieses	roído
royera	hubiera	
o royese	o hubiese	roído
royéramos	hubiéramos	
o royésemos	o hubiésemos	roído
royerais	hubierais	
o royeseis	o hubieseis	roído
royeran	hubieran	
o royesen	o hubiesen	roído

Futuro (Bello : Futuro)	Futuro perf. (Bello : Antefuturo)	
royere	hubiere	roído
royeres	hubieres	roído
royere	hubiere	roído
royéremos	hubiéremos	roído
royereis	hubiereis	roído
royeren	hubieren	roído

IMPERATIVO

Presente

roe	tú
roa, roiga o roya	él
roamos, roigamos o royamos	nosotros
roed	vosotros
roan, roigan o royan	ellos

FORMAS NO PERSONALES

Infinitivo	Infinitivo compuesto
roer	haber roído

Gerundio	Gerundio compuesto
royendo	habiendo roído

Participio
roído

54 leer

——— INDICATIVO ———

Presente (Bello : Presente)	Pret. perf. comp. (Bello : Antepresente)	
leo	he	leído
lees	has	leído
lee	ha	leído
leemos	hemos	leído
leéis	habéis	leído
leen	han	leído

Pret. imperf. (Bello : Copretérito)	Pret. pluscuamp. (Bello : Antecopretérito)	
leía	había	leído
leías	habías	leído
leía	había	leído
leíamos	habíamos	leído
leíais	habíais	leído
leían	habían	leído

Pret. perf. simple (Bello : Pretérito)	Pret. anterior (Bello : Antepretérito)	
leí	hube	leído
leíste	hubiste	leído
leyó	hubo	leído
leímos	hubimos	leído
leísteis	hubisteis	leído
leyeron	hubieron	leído

Futuro (Bello : Futuro)	Futuro perf. (Bello : Antefuturo)	
leeré	habré	leído
leerás	habrás	leído
leerá	habrá	leído
leeremos	habremos	leído
leeréis	habréis	leído
leerán	habrán	leído

Condicional (Bello : Pospretérito)	Condicional perf. (Bello : Antepospretérito)	
leería	habría	leído
leerías	habrías	leído
leería	habría	leído
leeríamos	habríamos	leído
leeríais	habríais	leído
leerían	habrían	leído

——— SUBJUNTIVO ———

Presente (Bello : Presente)	Pret. perf. (Bello : Antepresente)	
lea	haya	leído
leas	hayas	leído
lea	haya	leído
leamos	hayamos	leído
leáis	hayáis	leído
lean	hayan	leído

Pret. imperf. (Bello : Pretérito)	Pret. pluscuamp. (Bello : Antepretérito)	
leyera	hubiera	
o leyese	o hubiese	leído
leyeras	hubieras	
o leyeses	o hubieses	leído
leyera	hubiera	
o leyese	o hubiese	leído
leyéramos	hubiéramos	
o leyésemos	o hubiésemos	leído
leyerais	hubierais	
o leyeseis	o hubieseis	leído
leyeran	hubieran	
o leyesen	o hubiesen	leído

Futuro (Bello : Futuro)	Futuro perf. (Bello : Antefuturo)	
leyere	hubiere	leído
leyeres	hubieres	leído
leyere	hubiere	leído
leyéremos	hubiéremos	leído
leyereis	hubiereis	leído
leyeren	hubieren	leído

——— IMPERATIVO ———

Presente

lee	tú
lea	él
leamos	nosotros
leed	vosotros
lean	ellos

——— FORMAS NO PERSONALES ———

Infinitivo	Infinitivo compuesto
leer	haber leído
Gerundio	**Gerundio compuesto**
leyendo	habiendo leído
Participio	
leído	

55 ver

Presente (Bello : Presente)	Pret. perf. comp. (Bello : Antepresente)	
veo	he	visto
ves	has	visto
ve	ha	visto
vemos	hemos	visto
veis	habéis	visto
ven	han	visto

Pret. imperf. (Bello : Copretérito)	Pret. pluscuamp. (Bello : Antecopretérito)	
veía	había	visto
veías	habías	visto
veía	había	visto
veíamos	habíamos	visto
veíais	habíais	visto
veían	habían	visto

Pret. perf. simple (Bello : Pretérito)	Pret. anterior (Bello : Antepretérito)	
vi	hube	visto
viste	hubiste	visto
vio	hubo	visto
vimos	hubimos	visto
visteis	hubisteis	visto
vieron	hubieron	visto

Futuro (Bello : Futuro)	Futuro perf. (Bello : Antefuturo)	
veré	habré	visto
verás	habrás	visto
verá	habrá	visto
veremos	habremos	visto
veréis	habréis	visto
verán	habrán	visto

Condicional (Bello : Pospretérito)	Condicional perf. (Bello : Antepospretérito)	
vería	habría	visto
verías	habrías	visto
vería	habría	visto
veríamos	habríamos	visto
veríais	habríais	visto
verían	habrían	visto

Presente (Bello : Presente)	Pret. perf. comp. (Bello : Antepresente)	
vea	haya	visto
veas	hayas	visto
vea	haya	visto
veamos	hayamos	visto
veáis	hayáis	visto
vean	hayan	visto

Pret. imperf. (Bello : Pretérito)	Pret. pluscuamp. (Bello : Antepretérito)	
viera	hubiera	
o viese	o hubiese	visto
vieras	hubieras	
o vieses	o hubieses	visto
viera	hubiera	
o viese	o hubiese	visto
viéramos	hubiéramos	
o viésemos	o hubiésemos	visto
vierais	hubierais	
o vieseis	o hubieseis	visto
vieran	hubieran	
o viesen	o hubiesen	visto

Futuro (Bello : Futuro)	Futuro perf. (Bello : Antefuturo)	
viere	hubiere	visto
vieres	hubieres	visto
viere	hubiere	visto
viéremos	hubiéremos	visto
viereis	hubiereis	visto
vieren	hubieren	visto

── IMPERATIVO ──────

Presente

ve	tú
vea	él
veamos	nosotros
ved	vosotros
vean	ellos

── FORMAS NO PERSONALES ──────

Infinitivo	Infinitivo compuesto
ver	haber visto
Gerundio	**Gerundio compuesto**
viendo	habiendo visto
Participio	
visto	

56 dar

———— INDICATIVO ————

Presente (Bello : Presente)	Pret. perf. comp. (Bello : Antepresente)	
doy	he	dado
das	has	dado
da	ha	dado
damos	hemos	dado
dais	habéis	dado
dan	han	dado

Pret. imperf. (Bello : Copretérito)	Pret. pluscuamp. (Bello : Antecopretérito)	
daba	había	dado
dabas	habías	dado
daba	había	dado
dábamos	habíamos	dado
dabais	habíais	dado
daban	habían	dado

Pret. perf. simple (Bello : Pretérito)	Pret. anterior (Bello : Antepretérito)	
di	hube	dado
diste	hubiste	dado
dio	hubo	dado
dimos	hubimos	dado
disteis	hubisteis	dado
dieron	hubieron	dado

Futuro (Bello : Futuro)	Futuro perf. (Bello : Antefuturo)	
daré	habré	dado
darás	habrás	dado
dará	habrá	dado
daremos	habremos	dado
daréis	habréis	dado
darán	habrán	dado

Condicional (Bello : Pospretérito)	Condicional perf. (Bello : Antepospretérito)	
daría	habría	dado
darías	habrías	dado
daría	habría	dado
daríamos	habríamos	dado
daríais	habríais	dado
darían	habrían	dado

———— SUBJUNTIVO ————

Presente (Bello : Presente)	Pret. perf. (Bello : Antepresente)	
dé	haya	dado
des	hayas	dado
dé	haya	dado
demos	hayamos	dado
deis	hayáis	dado
den	hayan	dado

Pret. imperf. (Bello : Pretérito)	Pret. pluscuamp. (Bello : Antepretérito)	
diera	hubiera	
o diese	o hubiese	dado
dieras	hubieras	
o dieses	o hubieses	dado
diera	hubiera	
o diese	o hubiese	dado
diéramos	hubiéramos	
o diésemos	o hubiésemos	dado
dierais	hubierais	
o dieseis	o hubieseis	dado
dieran	hubieran	
o diesen	o hubiesen	dado

Futuro (Bello : Futuro)	Futuro perf. (Bello : Antefuturo)	
diere	hubiere	dado
dieres	hubieres	dado
diere	hubiere	dado
diéremos	hubiéremos	dado
diereis	hubiereis	dado
dieren	hubieren	dado

———— IMPERATIVO ————

Presente

da	tú
dé	él
demos	nosotros
dad	vosotros
den	ellos

———— FORMAS NO PERSONALES ————

Infinitivo	Infinitivo compuesto
dar	haber dado

Gerundio	Gerundio compuesto
dando	habiendo dado

Participio	
dado	

79

57 estar

——— INDICATIVO ———

Presente (Bello : Presente)	Pret. perf. comp. (Bello : Antepresente)	
estoy	he	estado
estás	has	estado
está	ha	estado
estamos	hemos	estado
estáis	habéis	estado
están	han	estado

Pret. imperf. (Bello : Copretérito)	Pret. pluscuamp. (Bello : Antecopretérito)	
estaba	había	estado
estabas	habías	estado
estaba	había	estado
estábamos	habíamos	estado
estabais	habíais	estado
estaban	habían	estado

Pret. perf. simple (Bello : Pretérito)	Pret. anterior (Bello : Antepretérito)	
estuve	hube	estado
estuviste	hubiste	estado
estuvo	hubo	estado
estuvimos	hubimos	estado
estuvisteis	hubisteis	estado
estuvieron	hubieron	estado

Futuro (Bello : Futuro)	Futuro perf. (Bello : Antefuturo)	
estaré	habré	estado
estarás	habrás	estado
estará	habrá	estado
estaremos	habremos	estado
estaréis	habréis	estado
estarán	habrán	estado

Condicional (Bello : Pospretérito)	Condicional perf. (Bello : Antepospretérito)	
estaría	habría	estado
estarías	habrías	estado
estaría	habría	estado
estaríamos	habríamos	estado
estaríais	habríais	estado
estarían	habrían	estado

——— SUBJUNTIVO ———

Presente (Bello : Presente)	Pret. perf. (Bello : Antepresente)	
esté	haya	estado
estés	hayas	estado
esté	haya	estado
estemos	hayamos	estado
estéis	hayáis	estado
estén	hayan	estado

Pret. imperf. (Bello : Pretérito)	Pret. pluscuamp. (Bello : Antepretérito)	
estuviera	hubiera	
o estuviese	o hubiese	estado
estuvieras	hubieras	
o estuvieses	o hubieses	estado
estuviera	hubiera	
o estuviese	o hubiese	estado
estuviéramos	hubiéramos	
o estuviésemos	o hubiésemos	estado
estuvierais	hubierais	
o estuvieseis	o hubieseis	estado
estuvieran	hubieran	
o estuviesen	o hubiesen	estado

Futuro (Bello : Futuro)	Futuro perf. (Bello : Antefuturo)	
estuviere	hubiere	estado
estuvieres	hubieres	estado
estuviere	hubiere	estado
estuviéremos	hubiéremos	estado
estuviereis	hubiereis	estado
estuvieren	hubieren	estado

——— IMPERATIVO ———

Presente

está	tú
esté	él
estemos	nosotros
estad	vosotros
estén	ellos

——— FORMAS NO PERSONALES ———

Infinitivo	Infinitivo compuesto
estar	haber estado
Gerundio	**Gerundio compuesto**
estando	habiendo estado
Participio	
estado	

58 ir

___ INDICATIVO ___

Presente (Bello : Presente)		Pret. perf. comp. (Bello : Antepresente)	
voy		he	ido
vas		has	ido
va		ha	ido
vamos		hemos	ido
vais		habéis	ido
van		han	ido

Pret. imperf. (Bello : Copretérito)		Pret. pluscuamp. (Bello : Antecopretérito)	
iba		había	ido
ibas		habías	ido
iba		había	ido
íbamos		habíamos	ido
ibais		habíais	ido
iban		habían	ido

Pret. perf. simple (Bello : Pretérito)		Pret. anterior (Bello : Antepretérito)	
fui		hube	ido
fuiste		hubiste	ido
fue		hubo	ido
fuimos		hubimos	ido
fuisteis		hubisteis	ido
fueron		hubieron	ido

Futuro (Bello : Futuro)		Futuro perf. (Bello : Antefuturo)	
iré		habré	ido
irás		habrás	ido
irá		habrá	ido
iremos		habremos	ido
iréis		habréis	ido
irán		habrán	ido

Condicional (Bello : Pospretérito)		Condicional perf. (Bello : Antepospretérito)	
iría		habría	ido
irías		habrías	ido
iría		habría	ido
iríamos		habríamos	ido
iríais		habríais	ido
irían		habrían	ido

___ SUBJUNTIVO ___

Presente (Bello : Presente)		Pret. perf. (Bello : Antepresente)	
vaya		haya	ido
vayas		hayas	ido
vaya		haya	ido
vayamos		hayamos	ido
vayáis		hayáis	ido
vayan		hayan	ido

Pret. imperf. (Bello : Pretérito)		Pret. pluscuamp. (Bello : Antepretérito)	
fuera		hubiera	
o fuese		o hublese	ido
fueras		hubieras	
o fueses		o hubieses	ido
fuera		hubiera	
o fuese		o hubiese	ido
fuéramos		hubiéramos	
o fuésemos		o hubiésemos	ido
fuerais		hubierais	
o fueseis		o hubieseis	ido
fueran		hubieran	
o fuesen		o hubiesen	ido

Futuro (Bello : Futuro)		Futuro perf. (Bello : Antefuturo)	
fuere		hubiere	ido
fueres		hubieres	ido
fuere		hubiere	ido
fuéremos		hubiéremos	ido
fuereis		hubiereis	ido
fueren		hubieren	ido

___ IMPERATIVO ___

Presente

ve	tú
vaya	él
vayamos	nosotros
id	vosotros
vayan	ellos

___ FORMAS NO PERSONALES ___

Infinitivo	Infinitivo compuesto
ir	haber ido
Gerundio	**Gerundio compuesto**
yendo	habiendo ido
Participio	
ido	

59 andar

──── INDICATIVO ────

Presente (Bello : Presente)	Pret. perf. comp. (Bello : Antepresente)
ando	he andado
andas	has andado
anda	ha andado
andamos	hemos andado
andáis	habéis andado
andan	han andado

Pret. imperf. (Bello : Copretérito)	Pret. pluscuamp. (Bello : Antecopretérito)
andaba	había andado
andabas	habías andado
andaba	había andado
andábamos	habíamos andado
andabais	habíais andado
andaban	habían andado

Pret. perf. simple (Bello : Pretérito)	Pret. anterior (Bello : Antepretérito)
anduve	hube andado
anduviste	hubiste andado
anduvo	hubo andado
anduvimos	hubimos andado
anduvisteis	hubisteis andado
anduvieron	hubieron andado

Futuro (Bello : Futuro)	Futuro perf. (Bello : Antefuturo)
andaré	habré andado
andarás	habrás andado
andará	habrá andado
andaremos	habremos andado
andaréis	habréis andado
andarán	habrán andado

Condicional (Bello : Pospretérito)	Condicional perf. (Bello : Antepospretérito)
andaría	habría andado
andarías	habrías andado
andaría	habría andado
andaríamos	habríamos andado
andaríais	habríais andado
andarían	habrían andado

──── SUBJUNTIVO ────

Presente (Bello : Presente)	Pret. perf. (Bello : Antepresente)
ande	haya andado
andes	hayas andado
ande	haya andado
andemos	hayamos andado
andéis	hayáis andado
anden	hayan andado

Pret. imperf. (Bello : Pretérito)	Pret. pluscuamp. (Bello : Antepretérito)
anduviera o anduviese	hubiera o hubiese andado
anduvieras o anduvieses	hubieras o hubieses andado
anduviera o anduviese	hubiera o hubiese andado
anduviéramos o anduviésemos	hubiéramos o hubiésemos andado
anduvierais o anduvieseis	hubierais o hubieseis andado
anduvieran o anduviesen	hubieran o hubiesen andado

Futuro (Bello : Futuro)	Futuro perf. (Bello : Antefuturo)
anduviere	hubiere andado
anduvieres	hubieres andado
anduviere	hubiere andado
anduviéremos	hubiéremos andado
anduviereis	hubiereis andado
anduvieren	hubieren andado

──── IMPERATIVO ────

Presente

anda	tú
ande	él
andemos	nosotros
andad	vosotros
anden	ellos

──── FORMAS NO PERSONALES ────

Infinitivo	Infinitivo compuesto
andar	haber andado

Gerundio	Gerundio compuesto
andando	habiendo andado

Participio	
andado	

60 trocar

Presente (Bello : Presente)	Pret. perf. comp. (Bello : Antepresente)	
trueco	he	trocado
truecas	has	trocado
trueca	ha	trocado
trocamos	hemos	trocado
trocáis	habéis	trocado
truecan	han	trocado

Pret. imperf. (Bello : Copretérito)	Pret. pluscuamp. (Bello : Antecopretérito)	
trocaba	había	trocado
trocabas	habías	trocado
trocaba	había	trocado
trocábamos	habíamos	trocado
trocabais	habíais	trocado
trocaban	habían	trocado

Pret. perf. simple (Bello : Pretérito)	Pret. anterior (Bello : Antepretérito)	
troqué	hube	trocado
trocaste	hubiste	trocado
trocó	hubo	trocado
trocamos	hubimos	trocado
trocasteis	hubisteis	trocado
trocaron	hubieron	trocado

Futuro (Bello : Futuro)	Futuro perf. (Bello : Antefuturo)	
trocaré	habré	trocado
trocarás	habrás	trocado
trocará	habrá	trocado
trocaremos	habremos	trocado
trocaréis	habréis	trocado
trocarán .	habrán	trocado

Condicional (Bello : Pospretérito)	Condicional perf. (Bello : Antepospretérito)	
trocaría	habría	trocado
trocarías	habrías	trocado
trocaría	había	trocado
trocaríamos	habríamos	trocado
trocaríais	habríais	trocado
trocarían	habrían	trocado

Presente (Bello : Presente)	Pret. perf. (Bello : Antepresente)	
trueque	haya	trocado
trueques	hayas	trocado
trueque	haya	trocado
troquemos	hayamos	trocado
troquéis	hayáis	trocado
truequen	hayan	trocado

Pret. imperf. (Bello : Pretérito)	Pret. pluscuamp. (Bello : Antepretérito)	
trocara	hubiera	
o trocase	o hubiese	trocado
trocaras	hubieras	
o trocases	o hubieses	trocado
trocara	hubiera	
o trocase	o hubiese	trocado
trocáramos	hubiéramos	
o trocásemos	o hubiésemos	trocado
trocarais	hubierais	
o trocaseis	o hubieseis	trocado
trocaran	hubieran	
o trocasen	o hubiesen	trocado

Futuro (Bello : Futuro)	Futuro perf. (Bello : Antefuturo)	
trocare	hubiere	trocado
trocares	hubieres	trocado
trocare	hubiere	trocado
trocáremos	hubiéremos	trocado
trocareis	hubiereis	trocado
trocaren	hubieren	trocado

Presente

trueca	tú
trueque	él
troquemos	nosotros
trocad	vosotros
truequen	ellos

Infinitivo	Infinitivo compuesto
trocar	haber trocado
Gerundio	**Gerundio compuesto**
trocando	habiendo trocado
Participio	
trocado	

61 colgar

Presente (Bello : Presente)		Pret. perf. comp. (Bello : Antepresente)	
cuelgo		he	colgado
cuelgas		has	colgado
cuelga		ha	colgado
colgamos		hemos	colgado
colgáis		habéis	colgado
cuelgan		han	colgado

Pret. imperf. (Bello : Copretérito)		Pret. pluscuamp. (Bello : Antecopretérito)	
colgaba		había	colgado
colgabas		habías	colgado
colgaba		había	colgado
colgábamos		habíamos	colgado
colgabais		habíais	colgado
colgaban		habían	colgado

Pret. perf. simple (Bello : Pretérito)		Pret. anterior (Bello : Antepretérito)	
colgué		hube	colgado
colgaste		hubiste	colgado
colgó		hubo	colgado
colgamos		hubimos	colgado
colgasteis		hubisteis	colgado
colgaron		hubieron	colgado

Futuro (Bello : Futuro)		Futuro perf. (Bello : Antefuturo)	
colgaré		habré	colgado
colgarás		habrás	colgado
colgará		habrá	colgado
colgaremos		habremos	colgado
colgaréis		habréis	colgado
colgarán		habrán	colgado

Condicional (Bello : Pospretérito)		Condicional perf. (Bello : Antepospretérito)	
colgaría		habría	colgado
colgarías		habrías	colgado
colgaría		habría	colgado
colgaríamos		habríamos	colgado
colgaríais		habríais	colgado
colgarían		habrían	colgado

Presente (Bello : Presente)		Pret. perf. (Bello : Antepresente)	
cuelgue		haya	colgado
cuelgues		hayas	colgado
cuelgue		haya	colgado
colguemos		hayamos	colgado
colguéis		hayáis	colgado
cuelguen		hayan	colgado

Pret. imperf. (Bello : Pretérito)		Pret. pluscuamp. (Bello : Antepretérito)	
colgara		hubiera	
o colgase		o hubiese	colgado
colgaras		hubieras	
o colgases		o hubieses	colgado
colgara		hubiera	
o colgase		o hubiese	colgado
colgáramos		hubiéramos	
o colgásemos		o hubiésemos	colgado
colgarais		hubierais	
o colgaseis		o hubieseis	colgado
colgaran		hubieran	
o colgasen		o hubiesen	colgado

Futuro (Bello : Futuro)		Futuro perf. (Bello : Antefuturo)	
colgare		hubiere	colgado
colgares		hubieres	colgado
colgare		hubiere	colgado
colgáremos		hubiéremos	colgado
colgareis		hubiereis	colgado
colgaren		hubieren	colgado

Presente

cuelga	tú
cuelgue	él
colguemos	nosotros
colgad	vosotros
cuelguen	ellos

Infinitivo	Infinitivo compuesto
colgar	haber colgado

Gerundio	Gerundio compuesto
colgando	habiendo colgado

Participio	
colgado	

62 agorar

—— INDICATIVO ——

Presente (Bello : Presente)	Pret. perf. comp. (Bello : Antepresente)	
agüero	he	agorado
agüeras	has	agorado
agüera	ha	agorado
agoramos	hemos	agorado
agoráis	habéis	agorado
agüeran	han	agorado

Pret. imperf. (Bello : Copretérito)	Pret. pluscuamp. (Bello : Antecopretérito)	
agoraba	había	agorado
agorabas	habías	agorado
agoraba	había	agorado
agorábamos	habíamos	agorado
agorabais	habíais	agorado
agoraban	habían	agorado

Pret. perf. simple (Bello : Pretérito)	Pret. anterior (Bello : Antepretérito)	
agoré	hube	agorado
agoraste	hubiste	agorado
agoró	hubo	agorado
agoramos	hubimos	agorado
agorasteis	hubisteis	agorado
agoraron	hubieron	agorado

Futuro (Bello : Futuro)	Futuro perf. (Bello : Antefuturo)	
agoraré	habré	agorado
agorarás	habrás	agorado
agorará	habrá	agorado
agoraremos	habremos	agorado
agoraréis	habréis	agorado
agorarán	habrán	agorado

Condicional (Bello : Pospretérito)	Condicional perf. (Bello : Antepospretérito)	
agoraría	habría	agorado
agorarías	habrías	agorado
agoraría	habría	agorado
agoraríamos	habríamos	agorado
agoraríais	habríais	agorado
agorarían	habrían	agorado

—— SUBJUNTIVO ——

Presente (Bello : Presente)	Pret. perf. (Bello : Antepresente)	
agüere	haya	agorado
agüeres	hayas	agorado
agüere	haya	agorado
agoremos	hayamos	agorado
agoréis	hayáis	agorado
agüeren	hayan	agorado

Pret. imperf. (Bello : Pretérito)	Pret. pluscuamp. (Bello : Antepretérito)	
agorara	hubiera	
o agorase	o hubiese	agorado
agoraras	hubieras	
o agorases	o hubieses	agorado
agorara	hubiera	
o agorase	o hubiese	agorado
agoráramos	hubiéramos	
o agorásemos	o hubiésemos	agorado
agorarais	hubierais	
o agoraseis	o hubieseis	agorado
agoraran	hubieran	
o agorasen	o hubiesen	agorado

Futuro (Bello : Futuro)	Futuro perf. (Bello : Antefuturo)	
agorare	hubiere	agorado
agorares	hubieres	agorado
agorare	hubiere	agorado
agoráremos	hubiéremos	agorado
agorareis	hubiereis	agorado
agoraren	hubieren	agorado

—— IMPERATIVO ——

Presente

agüera	tú
agüere	él
agoremos	nosotros
agorad	vosotros
agüeren	ellos

—— FORMAS NO PERSONALES ——

Infinitivo	Infinitivo compuesto
agorar	haber agorado

Gerundio	Gerundio compuesto
agorando	habiendo agorado

Participio	
agorado	

63 negar

─── INDICATIVO ───

Presente (Bello : Presente)		Pret. perf. comp. (Bello : Antepresente)	
niego		he	negado
niegas		has	negado
niega		ha	negado
negamos		hemos	negado
negáis		habéis	negado
niegan		han	negado

Pret. imperf. (Bello : Copretérito)		Pret. pluscuamp. (Bello : Antecopretérito)	
negaba		había	negado
negabas		habías	negado
negaba		había	negado
negábamos		habíamos	negado
negabais		habíais	negado
negaban		habían	negado

Pret. perf. simple (Bello : Pretérito)		Pret. anterior (Bello : Antepretérito)	
negué		hube	negado
negaste		hubiste	negado
negó		hubo	negado
negamos		hubimos	negado
negasteis		hubisteis	negado
negaron		hubieron	negado

Futuro (Bello : Futuro)		Futuro perf. (Bello : Antefuturo)	
negaré		habré	negado
negarás		habrás	negado
negará		habrá	negado
negaremos		habremos	negado
negaréis		habréis	negado
negarán		habrán	negado

Condicional (Bello : Pospretérito)		Condicional perf. (Bello : Antepospretérito)	
negaría		habría	negado
negarías		habrías	negado
negaría		habría	negado
negaríamos		habríamos	negado
negaríais		habríais	negado
negarían		habrían	negado

─── SUBJUNTIVO ───

Presente (Bello : Presente)		Pret. perf. (Bello : Antepresente)	
niegue		haya	negado
niegues		hayas	negado
niegue		haya	negado
neguemos		hayamos	negado
neguéis		hayáis	negado
nieguen		hayan	negado

Pret. imperf. (Bello : Pretérito)		Pret. pluscuamp. (Bello : Antepretérito)	
negara		hubiera	
o negase		o hubiese	negado
negaras		hubieras	
o negases		o hubieses	negado
negara		hubiera	
o negase		o hubiese	negado
negáramos		hubiéramos	
o negásemos		o hubiésemos	negado
negarais		hubierais	
o negaseis		o hubieseis	negado
negaran		hubieran	
o negasen		o hubiesen	negado

Futuro (Bello : Futuro)		Futuro perf. (Bello : Antefuturo)	
negare		hubiere	negado
negares		hubieres	negado
negare		hubiere	negado
negáremos		hubiéremos	negado
negareis		hubiereis	negado
negaren		hubieren	negado

─── IMPERATIVO ───

Presente

niega	tú
niegue	él
neguemos	nosotros
negad	vosotros
nieguen	ellos

─── FORMAS NO PERSONALES ───

Infinitivo	Infinitivo compuesto
negar	haber negado

Gerundio	Gerundio compuesto
negando	habiendo negado

Participio	
negado	

64 comenzar

___ INDICATIVO ___

Presente (Bello : Presente)	Pret. perf. comp. (Bello : Antepresente)	
comienzo	he	comenzado
comienzas	has	comenzado
comienza	ha	comenzado
comenzamos	hemos	comenzado
comenzáis	habéis	comenzado
comienzan	han	comenzado

Pret. imperf. (Bello : Copretérito)	Pret. pluscuamp. (Bello : Antecopretérito)	
comenzaba	había	comenzado
comenzabas	habías	comenzado
comenzaba	había	comenzado
comenzábamos	habíamos	comenzado
comenzabais	habíais	comenzado
comenzaban	habían	comenzado

Pret. perf. simple (Bello : Pretérito)	Pret. anterior (Bello : Antepretérito)	
comencé	hube	comenzado
comenzaste	hubiste	comenzado
comenzó	hubo	comenzado
comenzamos	hubimos	comenzado
comenzasteis	hubisteis	comenzado
comenzaron	hubieron	comenzado

Futuro (Bello : Futuro)	Futuro perf. (Bello : Antefuturo)	
comenzaré	habré	comenzado
comenzarás	habrás	comenzado
comenzará	habrá	comenzado
comenzaremos	habremos	comenzado
comenzaréis	habréis	comenzado
comenzarán	habrán	comenzado

Condicional (Bello : Pospretérito)	Condicional perf. (Bello : Antepospretérito)	
comenzaría	habría	comenzado
comenzarías	habrías	comenzado
comenzaría	habría	comenzado
comenzaríamos	habríamos	comenzado
comenzaríais	habríais	comenzado
comenzarían	habrían	comenzado

___ SUBJUNTIVO ___

Presente (Bello : Presente)	Pret. perf. (Bello : Antepresente)	
comience	haya	comenzado
comiences	hayas	comenzado
comience	haya	comenzado
comencemos	hayamos	comenzado
comencéis	hayáis	comenzado
comiencen	hayan	comenzado

Pret. imperf. (Bello : Pretérito)	Pret. pluscuamp. (Bello : Antepretérito)	
comenzara	hubiera	
o comenzase	o hubiese	comenzado
comenzaras	hubieras	
o comenzases	o hubieses	comenzado
comenzara	hubiera	
o comenzase	o hubiese	comenzado
comenzáramos	hubiéramos	
o comenzásemos	o hubiésemos	comenzado
comenzarais	hubierais	
o comenzaseis	o hubieseis	comenzado
comenzaran	hubieran	
o comenzasen	o hubiesen	comenzado

Futuro (Bello : Futuro)	Futuro perf. (Bello : Antefuturo)	
comenzare	hubiere	comenzado
comenzares	hubieres	comenzado
comenzare	hubiere	comenzado
comenzáremos	hubiéremos	comenzado
comenzareis	hubiereis	comenzado
comenzaren	hubieren	comenzado

___ IMPERATIVO ___

Presente

comienza	tú
comience	él
comencemos	nosotros
comenzad	vosotros
comiencen	ellos

___ FORMAS NO PERSONALES ___

Infinitivo	Infinitivo compuesto
comenzar	haber comenzado
Gerundio	**Gerundio compuesto**
comenzando	habiendo comenzado
Participio	
comenzado	

65 avergonzar

INDICATIVO

Presente (Bello : Presente)	Pret. perf. comp. (Bello : Antepresente)	
avergüenzo	he	avergonzado
avergüenzas	has	avergonzado
avergüenza	ha	avergonzado
avergonzamos	hemos	avergonzado
avergonzáis	habéis	avergonzado
avergüenzan	han	avergonzado

Pret. imperf. (Bello : Copretérito)	Pret. pluscuamp. (Bello : Antecopretérito)	
avergonzaba	había	avergonzado
avergonzabas	habías	avergonzado
avergonzaba	había	avergonzado
avergonzábamos	habíamos	avergonzado
avergonzabais	habíais	avergonzado
avergonzaban	habían	avergonzado

Pret. perf. simple (Bello : Pretérito)	Pret. anterior (Bello : Antepretérito)	
avergoncé	hube	avergonzado
avergonzaste	hubiste	avergonzado
avergonzó	hubo	avergonzado
avergonzamos	hubimos	avergonzado
avergonzasteis	hubisteis	avergonzado
avergonzaron	hubieron	avergonzado

Futuro (Bello : Futuro)	Futuro perf. (Bello : Antefuturo)	
avergonzaré	habré	avergonzado
avergonzarás	habrás	avergonzado
avergonzará	habrá	avergonzado
avergonzaremos	habremos	avergonzado
avergonzaréis	habréis	avergonzado
avergonzarán	habrán	avergonzado

Condicional (Bello : Pospretérito)	Condicional perf. (Bello : Antepospretérito)	
avergonzaría	habría	avergonzado
avergonzarías	habrías	avergonzado
avergonzaría	habría	avergonzado
avergonzaríamos	habríamos	avergonzado
avergonzaríais	habríais	avergonzado
avergonzarían	habrían	avergonzado

SUBJUNTIVO

Presente (Bello : Presente)	Pret. perf. (Bello : Antepresente)	
avergüence	haya	avergonzado
avergüences	hayas	avergonzado
avergüence	haya	avergonzado
avergoncemos	hayamos	avergonzado
avergoncéis	hayáis	avergonzado
avergüencen	hayan	avergonzado

Pret. imperf. (Bello : Pretérito)	Pret. pluscuamp. (Bello : Antepretérito)	
avergonzara	hubiera	
o avergonzase	o hubiese	avergonzado
avergonzaras	hubieras	
o avergonzases	o hubieses	avergonzado
avergonzara	hubiera	
o avergonzase	o hubiese	avergonzado
avergonzáramos	hubiéramos	
o avergonzásemos	o hubiésemos	avergonzado
avergonzarais	hubierais	
o avergonzaseis	o hubieseis	avergonzado
avergonzaran	hubieran	
o avergonzasen	o hubiesen	avergonzado

Futuro (Bello : Futuro)	Futuro perf. (Bello : Antefuturo)	
avergonzare	hubiere	avergonzado
avergonzares	hubieres	avergonzado
avergonzare	hubiere	avergonzado
avergonzáremos	hubiéremos	avergonzado
avergonzareis	hubiereis	avergonzado
avergonzaren	hubieren	avergonzado

IMPERATIVO

Presente

avergüenza	tú
avergüence	él
avergoncemos	nosotros
avergonzad	vosotros
avergüencen	ellos

FORMAS NO PERSONALES

Infinitivo	Infinitivo compuesto
avergonzar	haber avergonzado
Gerundio	**Gerundio compuesto**
avergonzando	habiendo avergonzado
Participio	
avergonzado	

66 satisfacer

——— INDICATIVO ———

Presente (Bello : Presente)	Pret. perf. comp. (Bello : Antepresente)	
satisfago	he	satisfecho
satisfaces	has	satisfecho
satisface	ha	satisfecho
satisfacemos	hemos	satisfecho
satisfacéis	habéis	satisfecho
satisfacen	han	satisfecho

Pret. imperf. (Bello : Copretérito)	Pret. pluscuamp. (Bello : Antecopretérito)	
satisfacía	había	satisfecho
satisfacías	habías	satisfecho
satisfacía	había	satisfecho
satisfacíamos	habíamos	satisfecho
satisfacíais	habíais	satisfecho
satisfacían	habían	satisfecho

Pret. perf. simple (Bello : Pretérito)	Pret. anterior (Bello : Antepretérito)	
satisfice	hube	satisfecho
satisficiste	hubiste	satisfecho
satisfizo	hubo	satisfecho
satisficimos	hubimos	satisfecho
satisficisteis	hubisteis	satisfecho
satisficieron	hubieron	satisfecho

Futuro (Bello : Futuro)	Futuro perf. (Bello : Antefuturo)	
satisfaré	habré	satisfecho
satisfarás	habrás	satisfecho
satisfará	habrá	satisfecho
satisfaremos	habremos	satisfecho
satisfaréis	habréis	satisfecho
satisfarán	habrán	satisfecho

Condicional (Bello : Pospretérito)	Condicional perf. (Bello : Antepospretérito)	
satisfaría	habría	satisfecho
satisfarías	habrías	satisfecho
satisfaría	habría	satisfecho
satisfaríamos	habríamos	satisfecho
satisfaríais	habríais	satisfecho
satisfarían	habrían	satisfecho

——— SUBJUNTIVO ———

Presente (Bello : Presente)	Pret. perf. (Bello : Antepresente)	
satisfaga	haya	satisfecho
satisfagas	hayas	satisfecho
satisfaga	haya	satisfecho
satisfagamos	hayamos	satisfecho
satisfagáis	hayáis	satisfecho
satisfagan	hayan	satisfecho

Pret. imperf. (Bello : Pretérito)	Pret. pluscuamp. (Bello : Antepretérito)	
satisficiera	hubiera	
o satisficiese	o hubiese	satisfecho
satisficieras	hubieras	
o satisficieses	o hubieses	satisfecho
satisficiera	hubiera	
o satisficiese	o hubiese	satisfecho
satisficiéramos	hubiéramos	
o satisficiésemos	o hubiésemos	satisfecho
satisficierais	hubierais	
o satisficieseis	o hubieseis	satisfecho
satisficieran	hubieran	
o satisficiesen	o hubiesen	satisfecho

Futuro (Bello : Futuro)	Futuro perf. (Bello : Antefuturo)	
satisficiere	hubiere	satisfecho
satisficieres	hubieres	satisfecho
satisficiere	hubiere	satisfecho
satisficiéremos	hubiéremos	satisfecho
satisficiereis	hubiereis	satisfecho
satisficieren	hubieren	satisfecho

——— IMPERATIVO ———

Presente

satisfaz o satisface	tú
satisfaga	él
satisfagamos	nosotros
satisfaced	vosotros
satisfagan	ellos

——— FORMAS NO PERSONALES ———

Infinitivo satisfacer	Infinitivo compuesto haber satisfecho
Gerundio satisfaciendo	Gerundio compuesto habiendo satisfecho
Participio satisfecho	

67 regir

Presente (Bello : Presente)	Pret. perf. comp. (Bello : Antepresente)		Presente (Bello : Presente)	Pret. perf. (Bello : Antepresente)	
rijo	he	regido	rija	haya	regido
riges	has	regido	rijas	hayas	regido
rige	ha	regido	rija	haya	regido
regimos	hemos	regido	rijamos	hayamos	regido
regís	habéis	regido	rijáis	hayáis	regido
rigen	han	regido	rijan	hayan	regido

Pret. imperf. (Bello : Copretérito)	Pret. pluscuamp. (Bello : Antecopretérito)		Pret. imperf. (Bello : Pretérito)	Pret. pluscuamp. (Bello : Antepretérito)	
regía	había	regido	rigiera	hubiera	
regías	habías	regido	o rigiese	o hubiese	regido
regía	había	regido	rigieras	hubieras	
regíamos	habíamos	regido	o rigieses	o hubieses	regido
regíais	habíais	regido	rigiera	hubiera	
regían	habían	regido	o rigiese	o hubiese	regido
			rigiéramos	hubiéramos	
			o rigiésemos	o hubiésemos	regido
			rigierais	hubierais	
			o rigieseis	o hubieseis	regido
			rigieran	hubieran	
			o rigiesen	o hubiesen	regido

Pret. perf. simple (Bello : Pretérito)	Pret. anterior (Bello : Antepretérito)	
regí	hube	regido
registe	hubiste	regido
rigió	hubo	regido
regimos	hubimos	regido
registeis	hubisteis	regido
rigieron	hubieron	regido

Futuro (Bello : Futuro)	Futuro perf. (Bello : Antefuturo)	
rigiere	hubiere	regido
rigieres	hubieres	regido
rigiere	hubiere	regido
rigiéremos	hubiéremos	regido
rigiereis	hubiereis	regido
rigieren	hubieren	regido

Futuro (Bello : Futuro)	Futuro perf. (Bello : Antefuturo)	
regiré	habré	regido
regirás	habrás	regido
regirá	habrá	regido
regiremos	habremos	regido
regiréis	habréis	regido
regirán	habrán	regido

Presente

rige	tú
rija	él
rijamos	nosotros
regid	vosotros
rijan	ellos

Condicional (Bello : Pospretérito)	Condicional perf. (Bello : Antepospretérito)	
regiría	habría	regido
regirías	habrías	regido
regiría	habría	regido
regiríamos	habríamos	regido
regiríais	habríais	regido
regirían	habrían	regido

Infinitivo regir	Infinitivo compuesto haber regido
Gerundio rigiendo	Gerundio compuesto habiendo regido
Participio regido	

68 seguir

Presente (Bello : Presente)	Pret. perf. comp. (Bello : Antepresente)	
sigo	he	seguido
sigues	has	seguido
sigue	ha	seguido
seguimos	hemos	seguido
seguís	habéis	seguido
siguen	han	seguido

Pret. Imperf. (Bello : Copretérito)	Pret. pluscuamp. (Bello : Antecopretérito)	
seguía	había	seguido
seguías	habías	seguido
seguía	había	seguido
seguíamos	habíamos	seguido
seguíais	habíais	seguido
seguían	habían	seguido

Pret. perf. simple (Bello : Pretérito)	Pret. anterior (Bello : Antepretérito)	
seguí	hube	seguido
seguiste	hubiste	seguido
siguió	hubo	seguido
seguimos	hubimos	seguido
seguisteis	hubisteis	seguido
siguieron	hubieron	seguido

Futuro (Bello : Futuro)	Futuro perf. (Bello : Antefuturo)	
seguiré	habré	seguido
seguirás	habrás	seguido
seguirá	habrá	seguido
seguiremos	habremos	seguido
seguiréis	habréis	seguido
seguirán	habrán	seguido

Condicional (Bello : Pospretérito)	Condicional perf. (Bello : Antepospretérito)	
seguiría	habría	seguido
seguirías	habrías	seguido
seguiría	habría	seguido
seguiríamos	habríamos	seguido
seguiríais	habríais	seguido
seguirían	habrían	seguido

Presente (Bello : Presente)	Pret. perf. (Bello : Antepresente)	
siga	haya	seguido
sigas	hayas	seguido
siga	haya	seguido
sigamos	hayamos	seguido
sigáis	hayáis	seguido
sigan	hayan	seguido

Pret. imperf. (Bello : Pretérito)	Pret. pluscuamp. (Bello : Antepretérito)	
siguiera	hubiera	
o siguiese	o hubiese	seguido
siguieras	hubieras	
o siguieses	o hubieses	seguido
siguiera	hubiera	
o siguiese	o hubiese	seguido
siguiéramos	hubiéramos	
o siguiésemos	o hubiésemos	seguido
siguierais	hubierais	
o siguieseis	o hubieseis	seguido
siguieran	hubieran	
o siguiesen	o hubiesen	seguido

Futuro (Bello : Futuro)	Futuro perf. (Bello : Antefuturo)	
siguiere	hubiere	seguido
siguieres	hubieres	seguido
siguiere	hubiere	seguido
siguiéremos	hubiéremos	seguido
siguiereis	hubiereis	seguido
siguieren	hubieren	seguido

Presente

sigue	tú
siga	él
sigamos	nosotros
seguid	vosotros
sigan	ellos

Infinitivo	Infinitivo compuesto
seguir	haber seguido
Gerundio	Gerundio compuesto
siguiendo	habiendo seguido
Participio	
seguido	

69 embaír

----- INDICATIVO -----

Presente (Bello : Presente)	Pret. perf. comp. (Bello : Antepresente)	
(no existe)	he	embaído
(no existe)	has	embaído
(no existe)	ha	embaído
embaímos	hemos	embaído
embaís	habéis	embaído
(no existe)	han	embaído

Pret. imperf. (Bello : Copretérito)	Pret. pluscuamp. (Bello : Antecopretérito)	
embaía	había	embaído
embaías	habías	embaído
embaía	había	embaído
embaíamos	habíamos	embaído
embaíais	habíais	embaído
embaían	habían	embaído

Pret. perf. simple (Bello : Pretérito)	Pret. anterior (Bello : Antepretérito)	
embaí	hube	embaído
embaíste	hubiste	embaído
embayó	hubo	embaído
embaímos	hubimos	embaído
embaísteis	hubisteis	embaído
embayeron	hubieron	embaído

Futuro (Bello : Futuro)	Futuro perf. (Bello : Antefuturo)	
embairé	habré	embaído
embairás	habrás	embaído
embairá	habrá	embaído
embairemos	habremos	embaído
embairéis	habréis	embaído
embairán	habrán	embaído

Condicional (Bello : Pospretérito)	Condicional perf. (Bello : Antepospretérito)	
embairía	habría	embaído
embairías	habrías	embaído
embairía	habría	embaído
embairíamos	habríamos	embaído
embairíais	habríais	embaído
embairían	habrían	embaído

----- SUBJUNTIVO -----

Presente (Bello : Presente)	Pret. perf. (Bello : Antepresente)	
(no existe)	haya	embaído
—	hayas	embaído
—	haya	embaído
—	hayamos	embaído
—	hayáis	embaído
—	hayan	embaído

Pret. imperf. (Bello : Pretérito)	Pret. pluscuamp. (Bello : Antepretérito)	
embayera	hubiera	
o embayese	o hubiese	embaído
embayeras	hubieras	
o embayeses	o hubieses	embaído
embayera	hubiera	
o embayese	o hubiese	embaído
embayéramos	hubiéramos	
o embayésemos	o hubiésemos	embaído
embayerais	hubierais	
o embayeseis	o hubieseis	embaído
embayeran	hubieran	
o embayesen	o hubiesen	embaído

Futuro (Bello : Futuro)	Futuro perf. (Bello : Antefuturo)	
embayere	hubiere	embaído
embayeres	hubieres	embaído
embayere	hubiere	embaído
embayéremos	hubiéremos	embaído
embayereis	hubiereis	embaído
embayeren	hubieren	embaído

----- IMPERATIVO -----

Presente

embaíd   vosotros

(las demás personas no existen)

----- FORMAS NO PERSONALES -----

Infinitivo	Infinitivo compuesto
embaír	haber embaído
Gerundio	Gerundio compuesto
embayendo	habiendo embaído
Participio	
embaído	

70 abolir

Presente (Bello : Presente)	Pret. perf. comp. (Bello : Antepresente)		Presente (Bello : Presente)	Pret. perf. (Bello : Antepresente)
(no existe)	he	abolido	(no existe)	haya	abolido
(no existe)	has	abolido	—	hayas	abolido
(no existe)	ha	abolido	—	haya	abolido
abolimos	hemos	abolido	—	hayamos	abolido
abolís	habéis	abolido	—	hayáis	abolido
(no existe)	han	abolido	—	hayan	abolido

Pret. imperf. (Bello : Copretérito)	Pret. pluscuamp. (Bello : Antecopretérito)	
abolía	había	abolido
abolías	habías	abolido
abolía	había	abolido
abolíamos	habíamos	abolido
abolíais	habíais	abolido
abolían	habían	abolido

Pret. imperf. (Bello : Pretérito) — **Pret. pluscuamp.** (Bello : Antepretérito)

aboliera	hubiera	
o aboliese	o hubiese	abolido
abolieras	hubieras	
o abolieses	o hubieses	abolido
aboliera	hubiera	
o aboliese	o hubiese	abolido
aboliéramos	hubiéramos	
o aboliésemos	o hubiésemos	abolido
abolierais	hubierais	
o abolieseis	o hubieseis	abolido
abolieran	hubieran	
o aboliesen	o hubiesen	abolido

Pret. perf. simple (Bello : Pretérito)	Pret. anterior (Bello : Antepretérito)	
abolí	hube	abolido
aboliste	hubiste	abolido
abolió	hubo	abolido
abolimos	hubimos	abolido
abolisteis	hubisteis	abolido
abolieron	hubieron	abolido

Futuro (Bello : Futuro)	Futuro perf. (Bello : Antefuturo)	
aboliere	hubiere	abolido
abolieres	hubieres	abolido
aboliere	hubiere	abolido
aboliéremos	hubiéremos	abolido
aboliereis	hubiereis	abolido
abolieren	hubieren	abolido

Futuro (Bello : Futuro)	Futuro perf. (Bello : Antefuturo)	
aboliré	habré	abolido
abolirás	habrás	abolido
abolirá	habrá	abolido
aboliremos	habremos	abolido
aboliréis	habréis	abolido
abolirán	habrán	abolido

Presente

abolid   vosotros

(las demás personas no existen)

Condicional (Bello : Pospretérito)	Condicional perf. (Bello : Antepospretérito)	
aboliría	habría	abolido
abolirías	habrías	abolido
aboliría	habría	abolido
aboliríamos	habríamos	abolido
aboliríais	habríais	abolido
abolirían	habrían	abolido

Infinitivo	Infinitivo compuesto
abolir	haber abolido
Gerundio	**Gerundio compuesto**
aboliendo	habiendo abolido
Participio	
abolido	

71 sacar

Presente (Bello : Presente)	Pret. perf. comp. (Bello : Antepresente)	
saco	he	sacado
sacas	has	sacado
saca	ha	sacado
sacamos	hemos	sacado
sacáis	habéis	sacado
sacan	han	sacado

Pret. imperf. (Bello : Copretérito)	Pret. pluscuamp. (Bello : Antecopretérito)	
sacaba	había	sacado
sacabas	habías	sacado
sacaba	había	sacado
sacábamos	habíamos	sacado
sacabais	habíais	sacado
sacaban	habían	sacado

Pret. perf. simple (Bello : Pretérito)	Pret. anterior (Bello : Antepretérito)	
saqué	hube	sacado
sacaste	hubiste	sacado
sacó	hubo	sacado
sacamos	hubimos	sacado
sacasteis	hubisteis	sacado
sacaron	hubieron	sacado

Futuro (Bello : Futuro)	Futuro perf. (Bello : Antefuturo)	
sacaré	habré	sacado
sacarás	habrás	sacado
sacará	habrá	sacado
sacaremos	habremos	sacado
sacaréis	habréis	sacado
sacarán	habrán	sacado

Condicional (Bello : Pospretérito)	Condicional perf. (Bello : Antepospretérito)	
sacaría	habría	sacado
sacarías	habrías	sacado
sacaría	habría	sacado
sacaríamos	habríamos	sacado
sacaríais	habríais	sacado
sacarían	habrían	sacado

SUBJUNTIVO

Presente (Bello : Presente)	Pret. perf. (Bello : Antepresente)	
saque	haya	sacado
saques	hayas	sacado
saque	haya	sacado
saquemos	hayamos	sacado
saquéis	hayáis	sacado
saquen	hayan	sacado

Pret. imperf. (Bello : Pretérito)	Pret. pluscuamp. (Bello : Antepretérito)	
sacara	hubiera	
o sacase	o hubiese	sacado
sacaras	hubieras	
o sacases	o hubieses	sacado
sacara	hubiera	
o sacase	o hubiese	sacado
sacáramos	hubiéramos	
o sacásemos	o hubiésemos	sacado
sacarais	hubierais	
o sacaseis	o hubieseis	sacado
sacaran	hubieran	
o sacasen	o hubiesen	sacado

Futuro (Bello : Futuro)	Futuro perf. (Bello : Antefuturo)	
sacare	hubiere	sacado
sacares	hubieres	sacado
sacare	hubiere	sacado
sacáremos	hubiéremos	sacado
sacareis	hubiereis	sacado
sacaren	hubieren	sacado

IMPERATIVO

Presente

saca	tú
saque	él
saquemos	nosotros
sacad	vosotros
saquen	ellos

FORMAS NO PERSONALES

Infinitivo	Infinitivo compuesto
sacar	haber sacado
Gerundio	**Gerundio compuesto**
sacando	habiendo sacado
Participio	
sacado	

72 pagar

——— INDICATIVO ———

Presente (Bello : Presente)	Pret. perf. comp. (Bello : Antepresente)	
pago	he	pagado
pagas	has	pagado
paga	ha	pagado
pagamos	hemos	pagado
pagáis	habéis	pagado
pagan	han	pagado

Pret. imperf. (Bello : Coprotérito)	Pret. pluscuamp. (Bello : Antecopretérito)	
pagaba	había	pagado
pagabas	habías	pagado
pagaba	había	pagado
pagábamos	habíamos	pagado
pagabais	habíais	pagado
pagaban	habían	pagado

Pret. perf. simple (Bello : Pretérito)	Pret. anterior (Bello : Antepretérito)	
pagué	hube	pagado
pagaste	hubiste	pagado
pagó	hubo	pagado
pagamos	hubimos	pagado
pagasteis	hubisteis	pagado
pagaron	hubieron	pagado

Futuro (Bello : Futuro)	Futuro perf. (Bello : Antefuturo)	
pagaré	habré	pagado
pagarás	habrás	pagado
pagará	habrá	pagado
pagaremos	habremos	pagado
pagaréis	habréis	pagado
pagarán	habrán	pagado

Condicional (Bello : Pospretérito)	Condicional perf. (Bello : Antepospretérito)	
pagaría	habría	pagado
pagarías	habrías	pagado
pagaría	habría	pagado
pagaríamos	habríamos	pagado
pagaríais	habríais	pagado
pagarían	habrían	pagado

——— SUBJUNTIVO ———

Presente (Bello : Presente)	Pret. perf. (Bello : Antepresente)	
pague	haya	pagado
pagues	hayas	pagado
pague	haya	pagado
paguemos	hayamos	pagado
paguéis	hayáis	pagado
paguen	hayan	pagado

Pret. imperf. (Bello : Pretérito)	Pret. pluscuamp. (Bello : Antepretérito)	
pagara	hubiera	
o pagase	o hubiese	pagado
pagaras	hubieras	
o pagases	o hubieses	pagado
pagara	hubiera	
o pagase	o hubiese	pagado
pagáramos	hubiéramos	
o pagásemos	o hubiésemos	pagado
pagarais	hubierais	
o pagaseis	o hubieseis	pagado
pagaran	hubieran	
o pagasen	o hubiesen	pagado

Futuro (Bello : Futuro)	Futuro perf. (Bello : Antefuturo)	
pagare	hubiere	pagado
pagares	hubieres	pagado
pagare	hubiere	pagado
pagáremos	hubiéremos	pagado
pagareis	hubiereis	pagado
pagaren	hubieren	pagado

——— IMPERATIVO ———

Presente

paga	tú
pague	él
paguemos	nosotros
pagad	vosotros
paguen	ellos

——— FORMAS NO PERSONALES ———

Infinitivo	Infinitivo compuesto
pagar	haber pagado
Gerundio	**Gerundio compuesto**
pagando	habiendo pagado
Participio	
pagado	

73 cazar

Presente
(Bello : Presente)

cazo	
cazas	
caza	
cazamos	
cazáis	
cazan	

Pret. perf. comp.
(Bello : Antepresente)

he	cazado
has	cazado
ha	cazado
hemos	cazado
habéis	cazado
han	cazado

Pret. imperf.
(Bello : Copretérito)

cazaba
cazabas
cazaba
cazábamos
cazabais
cazaban

Pret. pluscuamp.
(Bello : Antecopretérito)

había	cazado
habías	cazado
había	cazado
habíamos	cazado
habíais	cazado
habían	cazado

Pret. perf. simple
(Bello : Pretérito)

cacé
cazaste
cazó
cazamos
cazasteis
cazaron

Pret. anterior
(Bello : Antepretérito)

hube	cazado
hubiste	cazado
hubo	cazado
hubimos	cazado
hubisteis	cazado
hubieron	cazado

Futuro
(Bello : Futuro)

cazaré
cazarás
cazará
cazaremos
cazaréis
cazarán

Futuro perf.
(Bello : Antefuturo)

habré	cazado
habrás	cazado
habrá	cazado
habremos	cazado
habréis	cazado
habrán	cazado

Condicional
(Bello : Pospretérito)

cazaría
cazarías
cazaría
cazaríamos
cazaríais
cazarían

Condicional perf.
(Bello : Antepospretérito)

habría	cazado
habrías	cazado
habría	cazado
habríamos	cazado
habríais	cazado
habrían	cazado

Presente
(Bello : Presente)

cace
caces
cace
cacemos
cacéis
cacen

Pret. perf.
(Bello : Antepresente)

haya	cazado
hayas	cazado
haya	cazado
hayamos	cazado
hayáis	cazado
hayan	cazado

Pret. imperf.
(Bello : Pretérito)

cazara
o cazase
cazaras
o cazases
cazara
o cazase
cazáramos
o cazásemos
cazarais
o cazaseis
cazaran
o cazasen

Pret. pluscuamp.
(Bello : Antepretérito)

hubiera	
o hubiese	cazado
hubieras	
o hubieses	cazado
hubiera	
o hubiese	cazado
hubiéramos	
o hubiésemos	cazado
hubierais	
o hubieseis	cazado
hubieran	
o hubiesen	cazado

Futuro
(Bello : Futuro)

cazare
cazares
cazare
cazáremos
cazareis
cazaren

Futuro perf.
(Bello : Antefuturo)

hubiere	cazado
hubieres	cazado
hubiere	cazado
hubiéremos	cazado
hubiereis	cazado
hubieren	cazado

Presente

caza	tú
cace	él
cacemos	nosotros
cazad	vosotros
cacen	ellos

Infinitivo	**Infinitivo compuesto**
cazar	haber cazado
Gerundio	**Gerundio compuesto**
cazando	habiendo cazado
Participio	
cazado	

74 forzar

——— INDICATIVO ———

Presente (Bello : Presente)	Pret. perf. comp. (Bello : Antepresente)	
fuerzo	he	forzado
fuerzas	has	forzado
fuerza	ha	forzado
forzamos	hemos	forzado
forzáis	habéis	forzado
fuerzan	han	forzado

Pret. imperf. (Bello : Copretérito)	Pret. pluscuamp. (Bello : Antecopretérito)	
forzaba	había	forzado
forzabas	habías	forzado
forzaba	había	forzado
forzábamos	habíamos	forzado
forzabais	habíais	forzado
forzaban	habían	forzado

Pret. perf. simple (Bello : Pretérito)	Pret. anterior (Bello : Antepretérito)	
forcé	hube	forzado
forzaste	hubiste	forzado
forzó	hubo	forzado
forzamos	hubimos	forzado
forzasteis	hubisteis	forzado
forzaron	hubieron	forzado

Futuro (Bello : Futuro)	Futuro perf. (Bello : Antefuturo)	
forzaré	habré	forzado
forzarás	habrás	forzado
forzará	habrá	forzado
forzaremos	habremos	forzado
forzaréis	habréis	forzado
forzarán	habrán	forzado

Condicional (Bello : Pospretérito)	Condicional perf. (Bello : Antepospretérito)	
forzaría	habría	forzado
forzarías	habrías	forzado
forzaría	habría	forzado
forzaríamos	habríamos	forzado
forzaríais	habríais	forzado
forzarían	habrían	forzado

——— SUBJUNTIVO ———

Presente (Bello : Presente)	Pret. perf. (Bello : Antepresente)	
fuerce	haya	forzado
fuerces	hayas	forzado
fuerce	haya	forzado
forcemos	hayamos	forzado
forcéis	hayáis	forzado
fuercen	hayan	forzado

Pret. imperf. (Bello : Pretérito)	Pret. pluscuamp. (Bello : Antepretérito)	
forzara	hubiera	
o forzase	o hubiese	forzado
forzaras	hubieras	
o forzases	o hubieses	forzado
forzara	hubiera	
o forzase	o hubiese	forzado
forzáramos	hubiéramos	
o forzásemos	o hubiésemos	forzado
forzarais	hubierais	
o forzaseis	o hubieseis	forzado
forzaran	hubieran	
o forzasen	o hubiesen	forzado

Futuro (Bello : Futuro)	Futuro perf. (Bello : Antefuturo)	
forzare	hubiere	forzado
forzares	hubieres	forzado
forzare	hubiere	forzado
forzáremos	hubiéremos	forzado
forzareis	hubiereis	forzado
forzaren	hubieren	forzado

——— IMPERATIVO ———

Presente

fuerza	tú
fuerce	él
forcemos	nosotros
forzad	vosotros
fuercen	ellos

——— FORMAS NO PERSONALES ———

Infinitivo	Infinitivo compuesto
forzar	haber forzado

Gerundio	Gerundio compuesto
forzando	habiendo forzado

Participio	
forzado	

75 guiar

—— INDICATIVO ——

Presente (Bello : Presente)	Pret. perf. comp. (Bello : Antepresente)	
guío	he	guiado
guías	has	guiado
guía	ha	guiado
guiamos	hemos	guiado
guiáis	habéis	guiado
guían	han	guiado

Pret. imperf. (Bello : Copretérito)	Pret. pluscuamp. (Bello : Antecopretérito)	
guiaba	había	guiado
guiabas	habías	guiado
guiaba	había	guiado
guiábamos	habíamos	guiado
guiabais	habíais	guiado
guiaban	habían	guiado

Pret. perf. simple (Bello : Pretérito)	Pret. anterior (Bello : Antepretérito)	
guié	hube	guiado
guiaste	hubiste	guiado
guió	hubo	guiado
guiamos	hubimos	guiado
guiasteis	hubisteis	guiado
guiaron	hubieron	guiado

Futuro (Bello : Futuro)	Futuro perf. (Bello : Antefuturo)	
guiaré	habré	guiado
guiarás	habrás	guiado
guiará	habrá	guiado
guiaremos	habremos	guiado
guiaréis	habréis	guiado
guiarán	habrán	guiado

Condicional (Bello : Pospretérito)	Condicional perf. (Bello : Antepospretérito)	
guiaría	habría	guiado
guiarías	habrías	guiado
guiaría	habría	guiado
guiaríamos	habríamos	guiado
guiaríais	habríais	guiado
guiarían	habrían	guiado

—— SUBJUNTIVO ——

Presente (Bello : Presente)	Pret. perf. (Bello : Antepresente)	
guíe	haya	guiado
guíes	hayas	guiado
guíe	haya	guiado
guiemos	hayamos	guiado
guiéis	hayáis	guiado
guíen	hayan	guiado

Pret. imperf. (Bello : Pretérito)	Pret. pluscuamp. (Bello : Antepretérito)	
guiara	hubiera	
o guiase	o hubiese	guiado
guiaras	hubieras	
o guiases	o hubieses	guiado
guiara	hubiera	
o guiase	o hubiese	guiado
guiáramos	hubiéramos	
o guiásemos	o hubiésemos	guiado
guiarais	hubierais	
o guiaseis	o hubieseis	guiado
guiaran	hubieran	
o guiasen	o hubiesen	guiado

Futuro (Bello : Futuro)	Futuro perf. (Bello : Antefuturo)	
guiare	hubiere	guiado
guiares	hubieres	guiado
guiare	hubiere	guiado
guiáremos	hubiéremos	guiado
guiareis	hubiereis	guiado
guiaren	hubieren	guiado

—— IMPERATIVO ——

Presente

guía	tú
guíe	él
guiemos	nosotros
guiad	vosotros
guíen	ellos

—— FORMAS NO PERSONALES ——

Infinitivo	Infinitivo compuesto
guiar	haber guiado

Gerundio	Gerundio compuesto
guiando	habiendo guiado

Participio
guiado

76 actuar

INDICATIVO

Presente (Bello : Presente)	Pret. perf. comp. (Bello : Antepresente)	
actúo	he	actuado
actúas	has	actuado
actúa	ha	actuado
actuamos	hemos	actuado
actuáis	habéis	actuado
actúan	han	actuado

Pret. imperf. (Bollo : Copretérito)	Pret. pluscuamp. (Bello : Antecopretérito)	
actuaba	había	actuado
actuabas	habías	actuado
actuaba	había	actuado
actuábamos	habíamos	actuado
actuabais	habíais	actuado
actuaban	habían	actuado

Pret. perf. simple (Bello : Pretérito)	Pret. anterior (Bello : Antepretérito)	
actué	hube	actuado
actuaste	hubiste	actuado
actuó	hubo	actuado
actuamos	hubimos	actuado
actuasteis	hubisteis	actuado
actuaron	hubieron	actuado

Futuro (Bello : Futuro)	Futuro perf. (Bello : Antefuturo)	
actuaré	habré	actuado
actuarás	habrás	actuado
actuará	habrá	actuado
actuaremos	habremos	actuado
actuaréis	habréis	actuado
actuarán	habrán	actuado

Condicional (Bello : Pospretérito)	Condicional perf. (Bello : Antepospretérito)	
actuaría	habría	actuado
actuarías	habrías	actuado
actuaría	habría	actuado
actuaríamos	habríamos	actuado
actuaríais	habríais	actuado
actuarían	habrían	actuado

SUBJUNTIVO

Presente (Bello : Presente)	Pret. perf. (Bello : Antepresente)	
actúe	haya	actuado
actúes	hayas	actuado
actúe	haya	actuado
actuemos	hayamos	actuado
actuéis	hayáis	actuado
actúen	hayan	actuado

Pret. imperf. (Bello : Pretérito)	Pret. pluscuamp. (Bello : Antepretérito)	
actuara	hubiera	
o actuase	o hubiese	actuado
actuaras	hubieras	
o actuases	o hubieses	actuado
actuara	hubiera	
o actuase	o hubiese	actuado
actuáramos	hubiéramos	
o actuásemos	o hubiésemos	actuado
actuarais	hubierais	
o actuaseis	o hubieseis	actuado
actuaran	hubieran	
o actuasen	o hubiesen	actuado

Futuro (Bello : Futuro)	Futuro perf. (Bello : Antefuturo)	
actuare	hubiere	actuado
actuares	hubieres	actuado
actuare	hubiere	actuado
actuáremos	hubiéremos	actuado
actuareis	hubiereis	actuado
actuaren	hubieren	actuado

IMPERATIVO

Presente

actúa	tú
actúe	él
actuemos	nosotros
actuad	vosotros
actúen	ellos

FORMAS NO PERSONALES

Infinitivo	Infinitivo compuesto
actuar	haber actuado
Gerundio	Gerundio compuesto
actuando	habiendo actuado
Participio	
actuado	

77 averiguar

____ INDICATIVO ____

Presente (Bello : Presente)	Pret. perf. comp. (Bello : Antepresente)	
averiguo	he	averiguado
averiguas	has	averiguado
averigua	ha	averiguado
averiguamos	hemos	averiguado
averiguáis	habéis	averiguado
averiguan	han	averiguado

Pret. imperf. (Bello : Copretérito)	Pret. pluscuamp. (Bello : Antecopretérito)	
averiguaba	había	averiguado
averiguabas	habías	averiguado
averiguaba	había	averiguado
averiguábamos	habíamos	averiguado
averiguabais	habíais	averiguado
averiguaban	habían	averiguado

Pret. perf. simple (Bello : Pretérito)	Pret. anterior (Bello : Antepretérito)	
averigüé	hube	averiguado
averiguaste	hubiste	averiguado
averiguó	hubo	averiguado
averiguamos	hubimos	averiguado
averiguasteis	hubisteis	averiguado
averiguaron	hubieron	averiguado

Futuro (Bello : Futuro)	Futuro perf. (Bello : Antefuturo)	
averiguaré	habré	averiguado
averiguarás	habrás	averiguado
averiguará	habrá	averiguado
averiguaremos	habremos	averiguado
averiguaréis	habréis	averiguado
averiguarán	habrán	averiguado

Condicional (Bello : Pospretérito)	Condicional perf. (Bello : Antepospretérito)	
averiguaría	habría	averiguado
averiguarías	habrías	averiguado
averiguaría	habría	averiguado
averiguaríamos	habríamos	averiguado
averiguaríais	habríais	averiguado
averiguarían	habrían	averiguado

____ SUBJUNTIVO ____

Presente (Bello : Presente)	Pret. perf. (Bello : Antepresente)	
averigüe	haya	averiguado
averigües	hayas	averiguado
averigüe	haya	averiguado
averigüemos	hayamos	averiguado
averigüéis	hayáis	averiguado
averigüen	hayan	averiguado

Pret. imperf. (Bello : Pretérito)	Pret. pluscuamp. (Bello : Antepretérito)	
averiguara	hubiera	
o averiguase	o hubiese	averiguado
averiguaras	hubieras	
o averiguases	o hubieses	averiguado
averiguara	hubiera	
o averiguase	o hubiese	averiguado
averiguáramos	hubiéramos	
o averiguásemos	o hubiésemos	averiguado
averiguarais	hubierais	
o averiguaseis	o hubieseis	averiguado
averiguaran	hubieran	
o averiguasen	o hubiesen	averiguado

Futuro (Bello : Futuro)	Futuro perf. (Bello : Antefuturo)	
averiguare	hubiere	averiguado
averiguares	hubieres	averiguado
averiguare	hubiere	averiguado
averiguáremos	hubiéremos	averiguado
averiguareis	hubiereis	averiguado
averiguaren	hubieren	averiguado

____ IMPERATIVO ____

Presente

averigua	tú
averigüe	él
averigüemos	nosotros
averiguad	vosotros
averigüen	ellos

____ FORMAS NO PERSONALES ____

Infinitivo	Infinitivo compuesto
averiguar	haber averiguado
Gerundio	**Gerundio compuesto**
averiguando	habiendo averiguado
Participio	
averiguado	

78 airar

—— INDICATIVO ——

Presente (Bello : Presente)	Pret. perf. comp. (Bello : Antepresente)	
aíro	he	airado
aíras	has	airado
aíra	ha	airado
airamos	hemos	airado
airáis	habéis	airado
aíran	han	airado

Pret. imperf. (Bello : Copretérito)	Pret. pluscuamp. (Bello : Antecopretérito)	
airaba	había	airado
airabas	habías	airado
airaba	había	airado
airábamos	habíamos	airado
airabais	habíais	airado
airaban	habían	airado

Pret. perf. simple (Bello : Pretérito)	Pret. anterior (Bello : Antepretérito)	
airé	hube	airado
airaste	hubiste	airado
airó	hubo	airado
airamos	hubimos	airado
airasteis	hubisteis	airado
airaron	hubieron	airado

Futuro (Bello : Futuro)	Futuro perf. (Bello : Antefuturo)	
airaré	habré	airado
airarás	habrás	airado
airará	habrá	airado
airaremos	habremos	airado
airaréis	habréis	airado
airarán	habrán	airado

Condicional (Bello : Pospretérito)	Condicional perf. (Bello : Antepospretérito)	
airaría	habría	airado
airarías	habrías	airado
airaría	habría	airado
airaríamos	habríamos	airado
airaríais	habríais	airado
airarían	habrían	airado

—— SUBJUNTIVO ——

Presente (Bello : Presente)	Pret. perf. (Bello : Antepresente)	
aíre	haya	airado
aíres	hayas	airado
aíre	haya	airado
airemos	hayamos	airado
airéis	hayáis	airado
aíren	hayan	airado

Pret. imperf. (Bello : Pretérito)	Pret. pluscuamp. (Bello : Antopretérito)	
airara	hubiera	
o airase	o hubiese	airado
airaras	hubieras	
o airases	o hubieses	airado
airara	hubiera	
o airase	o hubiese	airado
airáramos	hubiéramos	
o airásemos	o hubiésemos	airado
airarais	hubierais	
o airaseis	o hubieseis	airado
airaran	hubieran	
o airasen	o hubiesen	airado

Futuro (Bello : Futuro)	Futuro perf. (Bello : Antefuturo)	
airare	hubiere	airado
airares	hubieres	airado
airare	hubiere	airado
airáremos	hubiéremos	airado
airareis	hubiereis	airado
airaren	hubieren	airado

—— IMPERATIVO ——

Presente

aíra	tú
aíre	él
airemos	nosotros
airad	vosotros
aíren	ellos

—— FORMAS NO PERSONALES ——

Infinitivo	Infinitivo compuesto
airar	haber airado
Gerundio	**Gerundio compuesto**
airando	habiendo airado
Participio	
airado	

79 ahincar

INDICATIVO

Presente (Bello : Presente)	Pret. perf. comp. (Bello : Antepresente)	
ahínco	he	ahincado
ahíncas	has	ahincado
ahínca	ha	ahincado
ahincamos	hemos	ahincado
ahincáis	habéis	ahincado
ahíncan	han	ahincado

Pret. imperf. (Bello : Copretérito)	Pret. pluscuamp. (Bello : Antecopretérito)	
ahincaba	había	ahincado
ahincabas	habías	ahincado
ahincaba	había	ahincado
ahincábamos	habíamos	ahincado
ahincabais	habíais	ahincado
ahincaban	habían	ahincado

Pret. perf. simple (Bello : Pretérito)	Pret. anterior (Bello : Antepretérito)	
ahinqué	hube	ahincado
ahincaste	hubiste	ahincado
ahincó	hubo	ahincado
ahincamos	hubimos	ahincado
ahincasteis	hubisteis	ahincado
ahincaron	hubieron	ahincado

Futuro (Bello : Futuro)	Futuro perf. (Bello : Antefuturo)	
ahincaré	habré	ahincado
ahincarás	habrás	ahincado
ahincará	habrá	ahincado
ahincaremos	habremos	ahincado
ahincaréis	habréis	ahincado
ahincarán	habrán	ahincado

Condicional (Bello : Pospretérito)	Condicional perf. (Bello : Antepospretérito)	
ahincaría	habría	ahincado
ahincarías	habrías	ahincado
ahincaría	habría	ahincado
ahincaríamos	habríamos	ahincado
ahincaríais	habríais	ahincado
ahincarían	habrían	ahincado

SUBJUNTIVO

Presente (Bello : Presente)	Pret. perf. (Bello : Antepresente)	
ahínque	haya	ahincado
ahínques	hayas	ahincado
ahínque	haya	ahincado
ahinquemos	hayamos	ahincado
ahinquéis	hayáis	ahincado
ahínquen	hayan	ahincado

Pret. imperf. (Bello : Pretérito)	Pret. pluscuamp. (Bello : Antepretérito)	
ahincara	hubiera	
o ahincase	o hubiese	ahincado
ahincaras	hubieras	
o ahincases	o hubieses	ahincado
ahincara	hubiera	
o ahincase	o hubiese	ahincado
ahincáramos	hubiéramos	
o ahincásemos	o hubiésemos	ahincado
ahincarais	hubierais	
o ahincaseis	o hubieseis	ahincado
ahincaran	hubieran	
o ahincasen	o hubiesen	ahincado

Futuro (Bello : Futuro)	Futuro perf. (Bello : Antefuturo)	
ahincare	hubiere	ahincado
ahincares	hubieres	ahincado
ahincare	hubiere	ahincado
ahincáremos	hubiéremos	ahincado
ahincareis	hubiereis	ahincado
ahincaren	hubieren	ahincado

IMPERATIVO

Presente

ahínca	tú
ahínque	él
ahinquemos	nosotros
ahincad	vosotros
ahínquen	ellos

FORMAS NO PERSONALES

Infinitivo	Infinitivo compuesto
ahincar	haber ahincado
Gerundio	Gerundio compuesto
ahincando	habiendo ahincado
Participio	
ahincado	

80 cabrahigar

INDICATIVO

Presente (Bello : Presente)	Pret. perf. comp. (Bello : Antepresente)	
cabrahígo	he	cabrahigado
cabrahígas	has	cabrahigado
cabrahíga	ha	cabrahigado
cabrahigamos	hemos	cabrahigado
cabrahigáis	habéis	cabrahigado
cabrahígan	han	cabrahigado

Pret. imperf. (Bello : Copretérito)	Pret. pluscuamp. (Bello : Antecopretérito)	
cabrahigaba	había	cabrahigado
cabrahigabas	habías	cabrahigado
cabrahigaba	había	cabrahigado
cabrahigábamos	habíamos	cabrahigado
cabrahigabais	habíais	cabrahigado
cabrahigaban	habían	cabrahigado

Pret. perf. simple (Bello : Pretérito)	Pret. anterior (Bello : Antepretérito)	
cabrahigué	hube	cabrahigado
cabrahigaste	hubiste	cabrahigado
cabrahigó	hubo	cabrahigado
cabrahigamos	hubimos	cabrahigado
cabrahigasteis	hubisteis	cabrahigado
cabrahigaron	hubieron	cabrahigado

Futuro (Bello : Futuro)	Futuro perf. (Bello : Antefuturo)	
cabrahigaré	habré	cabrahigado
cabrahigarás	habrás	cabrahigado
cabrahigará	habrá	cabrahigado
cabrahigaremos	habremos	cabrahigado
cabrahigaréis	habréis	cabrahigado
cabrahigarán	habrán	cabrahigado

Condicional (Bello : Pospretérito)	Condicional perf. (Bello : Antepospretérito)	
cabrahigaría	habría	cabrahigado
cabrahigarías	habrías	cabrahigado
cabrahigaría	habría	cabrahigado
cabrahigaríamos	habríamos	cabrahigado
cabrahigaríais	habríais	cabrahigado
cabrahigarían	habrían	cabrahigado

SUBJUNTIVO

Presente (Bello : Presente)	Pret. perf. (Bello : Antepresente)	
cabrahígue	haya	cabrahigado
cabrahígues	hayas	cabrahigado
cabrahígue	haya	cabrahigado
cabrahiguemos	hayamos	cabrahigado
cabrahiguéis	hayáis	cabrahigado
cabrahíguen	hayan	cabrahigado

Pret. imperf. (Bello : Pretérito)	Pret. pluscuamp. (Bello : Antepretérito)	
cabrahigara	hubiera	
o cabrahigase	o hubiese	cabrahigado
cabrahigaras	hubieras	
o cabrahigases	o hubieses	cabrahigado
cabrahigara	hubiera	
o cabrahigase	o hubiese	cabrahigado
cabrahigáramos	hubiéramos	
o cabrahigásemos	o hubiésemos	cabrahigado
cabrahigarais	hubierais	
o cabrahigaseis	o hubieseis	cabrahigado
cabrahigaran	hubieran	
o cabrahigasen	o hubiesen	cabrahigado

Futuro (Bello : Futuro)	Futuro perf. (Bello : Antefuturo)	
cabrahigare	hubiere	cabrahigado
cabrahigares	hubieres	cabrahigado
cabrahigare	hubiere	cabrahigado
cabrahigáremos	hubiéremos	cabrahigado
cabrahigareis	hubiereis	cabrahigado
cabrahigaren	hubieren	cabrahigado

IMPERATIVO

Presente

cabrahíga	tú
cabrahígue	él
cabrahiguemos	nosotros
cabrahigad	vosotros
cabrahíguen	ellos

FORMAS NO PERSONALES

Infinitivo cabrahigar	Infinitivo compuesto haber cabrahigado
Gerundio cabrahigando	Gerundio compuesto habiendo cabrahigado
Participio cabrahigado	

81 enraizar

____ INDICATIVO ____

Presente (Bello : Presente)	Pret. perf. comp. (Bello : Antepresente)	
enraízo	he	enraizado
enraízas	has	enraizado
enraíza	ha	enraizado
enraizamos	hemos	enraizado
enraizáis	habéis	enraizado
enraízan	han	enraizado

Pret. imperf. (Bello : Copretérito)	Pret. pluscuamp. (Bello : Antecopretérito)	
enraizaba	había	enraizado
enraizabas	habías	enraizado
enraizaba	había	enraizado
enraizábamos	habíamos	enraizado
enraizabais	habíais	enraizado
enraizaban	habían	enraizado

Pret. perf. simple (Bello : Pretérito)	Pret. anterior (Bello : Antepretérito)	
enraicé	hube	enraizado
enraizaste	hubiste	enraizado
enraizó	hubo	enraizado
enraizamos	hubimos	enraizado
enraizasteis	hubisteis	enraizado
enraizaron	hubieron	enraizado

Futuro (Bello : Futuro)	Futuro perf. (Bello : Antefuturo)	
enraizaré	habré	enraizado
enraizarás	habrás	enraizado
enraizará	habrá	enraizado
enraizaremos	habremos	enraizado
enraizaréis	habréis	enraizado
enraizarán	habrán	enraizado

Condicional (Bello : Pospretérito)	Condicional perf. (Bello : Antepospretérito)	
enraizaría	habría	enraizado
enraizarías	habrías	enraizado
enraizaría	habría	enraizado
enraizaríamos	habríamos	enraizado
enraizaríais	habríais	enraizado
enraizarían	habrían	enraizado

____ SUBJUNTIVO ____

Presente (Bello : Presente)	Pret. perf. comp. (Bello : Antepresente)	
enraíce	haya	enraizado
enraíces	hayas	enraizado
enraíce	haya	enraizado
enraicemos	hayamos	enraizado
enraicéis	hayáis	enraizado
enraícen	hayan	enraizado

Pret. imperf. (Bello : Pretérito)	Pret. pluscuamp. (Bello : Antepretérito)	
enraizara	hubiera	
o enraizase	o hubiese	enraizado
enraizaras	hubieras	
o enraizases	o hubieses	enraizado
enraizara	hubiera	
o enraizase	o hubiese	enraizado
enraizáramos	hubiéramos	
o enraizásemos	o hubiésemos	enraizado
enraizarais	hubierais	
o enraizaseis	o hubieseis	enraizado
enraizaran	hubieran	
o enraizasen	o hubiesen	enraizado

Futuro (Bello : Futuro)	Futuro perf. (Bello : Antefuturo)	
enraizare	hubiere	enraizado
enraizares	hubieres	enraizado
enraizare	hubiere	enraizado
enraizáremos	hubiéremos	enraizado
enraizareis	hubiereis	enraizado
enraizaren	hubieren	enraizado

____ IMPERATIVO ____

Presente

enraíza	tú
enraíce	él
enraicemos	nosotros
enraizad	vosotros
enraícen	ellos

____ FORMAS NO PERSONALES ____

Infinitivo	Infinitivo compuesto
enraizar	haber enraizado
Gerundio	Gerundio compuesto
enraizando	habiendo enraizado
Participio	
enraizado	

82 aullar

——— INDICATIVO ———

Presente (Bello : Presente)	Pret. perf. comp. (Bello : Antepresente)	
aúllo	he	aullado
aúllas	has	aullado
aúlla	ha	aullado
aullamos	hemos	aullado
aulláis	habéis	aullado
aúllan	han	aullado

Pret. imperf. (Bello : Copretérito)	Pret. pluscuamp. (Bello : Antecopretérito)	
aullaba	había	aullado
aullabas	habías	aullado
aullaba	había	aullado
aullábamos	habíamos	aullado
aullabais	habíais	aullado
aullaban	habían	aullado

Pret. perf. simple (Bello : Pretérito)	Pret. anterior (Bello : Antepretérito)	
aullé	hube	aullado
aullaste	hubiste	aullado
aulló	hubo	aullado
aullamos	hubimos	aullado
aullasteis	hubisteis	aullado
aullaron	hubieron	aullado

Futuro (Bello : Futuro)	Futuro perf. (Bello : Antefuturo)	
aullaré	habré	aullado
aullarás	habrás	aullado
aullará	habrá	aullado
aullaremos	habremos	aullado
aullaréis	habréis	aullado
aullarán	habrán	aullado

Condicional (Bello : Pospretérito)	Condicional perf. (Bello : Antepospretérito)	
aullaría	habría	aullado
aullarías	habrías	aullado
aullaría	habría	aullado
aullaríamos	habríamos	aullado
aullaríais	habríais	aullado
aullarían	habrían	aullado

——— SUBJUNTIVO ———

Presente (Bello : Presente)	Pret. perf. (Bello : Antepresente)	
aúlle	haya	aullado
aúlles	hayas	aullado
aúlle	haya	aullado
aullemos	hayamos	aullado
aulléis	hayáis	aullado
aúllen	hayan	aullado

Pret. imperf. (Bello : Pretérito)	Pret. pluscuamp. (Bello : Antepretérito)	
aullara	hubiera	
o aullase	o hubiese	aullado
aullaras	hubieras	
o aullases	o hubieses	aullado
aullara	hubiera	
o aullase	o hubiese	aullado
aulláramos	hubiéramos	
o aullásemos	o hubiésemos	aullado
aullarais	hubierais	
o aullaseis	o hubieseis	aullado
aullaran	hubieran	
o aullasen	o hubiesen	aullado

Futuro (Bello : Futuro)	Futuro perf. (Bello : Antefuturo)	
aullare	hubiere	aullado
aullares	hubieres	aullado
aullare	hubiere	aullado
aulláremos	hubiéremos	aullado
aullareis	hubiereis	aullado
aullaren	hubieren	aullado

——— IMPERATIVO ———

Presente

aúlla	tú
aúlle	él
aullemos	nosotros
aullad	vosotros
aúllen	ellos

——— FORMAS NO PERSONALES ———

Infinitivo	Infinitivo compuesto
aullar	haber aullado
Gerundio	Gerundio compuesto
aullando	habiendo aullado
Participio	
aullado	

105

83 mecer

INDICATIVO

Presente (Bello : Presente)	Pret. perf. comp. (Bello : Antepresente)	
mezo	he	mecido
meces	has	mecido
mece	ha	mecido
mecemos	hemos	mecido
mecéis	habéis	mecido
mecen	han	mecido

Pret. imperf. (Bello : Copretérito)	Pret. pluscuamp. (Bello : Antecopretérito)	
mecía	había	mecido
mecías	habías	mecido
mecía	había	mecido
mecíamos	habíamos	mecido
mecíais	habíais	mecido
mecían	habían	mecido

Pret. perf. simple (Bello : Pretérito)	Pret. anterior (Bello : Antepretérito)	
mecí	hube	mecido
meciste	hubiste	mecido
meció	hubo	mecido
mecimos	hubimos	mecido
mecisteis	hubisteis	mecido
mecieron	hubieron	mecido

Futuro (Bello : Futuro)	Futuro perf. (Bello : Antefuturo)	
meceré	habré	mecido
mecerás	habrás	mecido
mecerá	habrá	mecido
meceremos	habremos	mecido
meceréis	habréis	mecido
mecerán	habrán	mecido

Condicional (Bello : Pospretérito)	Condicional perf. (Bello : Antepospretérito)	
mecería	habría	mecido
mecerías	habrías	mecido
mecería	habría	mecido
meceríamos	habríamos	mecido
meceríais	habríais	mecido
mecerían	habrían	mecido

SUBJUNTIVO

Presente (Bello : Presente)	Pret. perf. (Bello : Antepresente)	
meza	haya	mecido
mezas	hayas	mecido
meza	haya	mecido
mezamos	hayamos	mecido
mezáis	hayáis	mecido
mezan	hayan	mecido

Pret. imperf. (Bello : Pretérito)	Pret. pluscuamp. (Bello : Antepretérito)	
meciera	hubiera	
o meciese	o hubiese	mecido
mecieras	hubieras	
o mecieses	o hubieses	mecido
meciera	hubiera	
o meciese	o hubiese	mecido
meciéramos	hubiéramos	
o meciésemos	o hubiésemos	mecido
mecierais	hubierais	
o mecieseis	o hubieseis	mecido
mecieran	hubieran	
o meciesen	o hubiesen	mecido

Futuro (Bello : Futuro)	Futuro perf. (Bello : Antefuturo)	
meciere	hubiere	mecido
mecieres	hubieres	mecido
meciere	hubiere	mecido
meciéremos	hubiéremos	mecido
meciereis	hubiereis	mecido
mecieren	hubieren	mecido

IMPERATIVO

Presente

mece	tú
meza	él
mezamos	nosotros
meced	vosotros
mezan	ellos

FORMAS NO PERSONALES

Infinitivo	Infinitivo compuesto
mecer	haber mecido
Gerundio	Gerundio compuesto
meciendo	habiendo mecido
Participio	
mecido	

84 proteger

—— INDICATIVO —— | —— SUBJUNTIVO ——

Presente (Bello : Presente)	Pret. perf. comp. (Bello : Antepresente)		Presente (Bello : Presente)	Pret. perf. (Bello : Antepresente)	
protejo	he	protegido	proteja	haya	protegido
proteges	has	protegido	protejas	hayas	protegido
protege	ha	protegido	proteja	haya	protegido
protegemos	hemos	protegido	protejamos	hayamos	protegido
protegéis	habéis	protegido	protejáis	hayáis	protegido
protegen	han	protegido	protejan	hayan	protegido

Pret. imperf. (Bello : Copretérito)	Pret. pluscuamp. (Bello : Antecopretérito)		Pret. Imperf. (Bello : Pretérito)	Pret. pluscuamp. (Bello : Antepretérito)	
protegía	había	protegido	protegiera	hubiera	
protegías	habías	protegido	o protegiese	o hubiese	protegido
protegía	había	protegido	protegieras	hubieras	
protegíamos	habíamos	protegido	o protegieses	o hubieses	protegido
protegíais	habíais	protegido	protegiera	hubiera	
protegían	habían	protegido	o protegiese	o hubiese	protegido
			protegiéramos	hubiéramos	
			o protegiésemos	o hubiésemos	protegido
			protegierais	hubierais	
			o protegieseis	o hubieseis	protegido
			protegieran	hubieran	
			o protegiesen	o hubiesen	protegido

Pret. perf. simple (Bello : Pretérito)	Pret. anterior (Bello : Antepretérito)				
protegí	hube	protegido			
protegiste	hubiste	protegido	Futuro (Bello : Futuro)	Futuro perf. (Bello : Antefuturo)	
protegió	hubo	protegido			
protegimos	hubimos	protegido	protegiere	hubiere	protegido
protegisteis	hubisteis	protegido	protegieres	hubieres	protegido
protegieron	hubieron	protegido	protegiere	hubiere	protegido
			protegiéremos	hubiéremos	protegido
			protegiereis	hubiereis	protegido
			protegieren	hubieren	protegido

Futuro (Bello : Futuro)	Futuro perf. (Bello : Antefuturo)	
protegeré	habré	protegido
protegerás	habrás	protegido
protegerá	habrá	protegido
protegeremos	habremos	protegido
protegeréis	habréis	protegido
protegerán	habrán	protegido

—— IMPERATIVO ——

Presente

protege	tú
proteja	él
protejamos	nosotros
proteged	vosotros
protejan	ellos

Condicional (Bello : Pospretérito)	Condicional perf. (Bello : Antepospretérito)	
protegería	habría	protegido
protegerías	habrías	protegido
protegería	habría	protegido
protegeríamos	habríamos	protegido
protegeríais	habríais	protegido
protegerían	habrían	protegido

—— FORMAS NO PERSONALES ——

Infinitivo proteger	Infinitivo compuesto haber protegido
Gerundio protegiendo	**Gerundio compuesto** habiendo protegido
Participio protegido	

85 zurcir

INDICATIVO

Presente (Bello : Presente)	Pret. perf. comp. (Bello : Antepresente)	
zurzo	he	zurcido
zurces	has	zurcido
zurce	ha	zurcido
zurcimos	hemos	zurcido
zurcís	habéis	zurcido
zurcen	han	zurcido

Pret. imperf. (Bello : Copretérito)	Pret. pluscuamp. (Bello : Antecopretérito)	
zurcía	había	zurcido
zurcías	habías	zurcido
zurcía	había	zurcido
zurcíamos	habíamos	zurcido
zurcíais	habíais	zurcido
zurcían	habían	zurcido

Pret. perf. simple (Bello : Pretérito)	Pret. anterior (Bello : Antepretérito)	
zurcí	hube	zurcido
zurciste	hubiste	zurcido
zurció	hubo	zurcido
zurcimos	hubimos	zurcido
zurcisteis	hubisteis	zurcido
zurcieron	hubieron	zurcido

Futuro (Bello : Futuro)	Futuro perf. (Bello : Antefuturo)	
zurciré	habré	zurcido
zurcirás	habrás	zurcido
zurcirá	habrá	zurcido
zurciremos	habremos	zurcido
zurciréis	habréis	zurcido
zurcirán	habrán	zurcido

Condicional (Bello : Pospretérito)	Condicional perf. (Bello : Antepospretérito)	
zurciría	habría	zurcido
zurcirías	habrías	zurcido
zurciría	habría	zurcido
zurciríamos	habríamos	zurcido
zurciríais	habríais	zurcido
zurcirían	habrían	zurcido

SUBJUNTIVO

Presente (Bello : Presente)	Pret. perf. (Bello : Antepresente)	
zurza	haya	zurcido
zurzas	hayas	zurcido
zurza	haya	zurcido
zurzamos	hayamos	zurcido
zurzáis	hayáis	zurcido
zurzan	hayan	zurcido

Pret. imperf. (Bello : Pretérito)	Pret. pluscuamp. (Bello : Antepretérito)	
zurciera	hubiera	
o zurciese	o hubiese	zurcido
zurcieras	hubieras	
o zurcieses	o hubieses	zurcido
zurciera	hubiera	
o zurciese	o hubiese	zurcido
zurciéramos	hubiéramos	
o zurciésemos	o hubiésemos	zurcido
zurcierais	hubierais	
o zurcieseis	o hubieseis	zurcido
zurcieran	hubieran	
o zurciesen	o hubiesen	zurcido

Futuro (Bello : Futuro)	Futuro perf. (Bello : Antefuturo)	
zurciere	hubiere	zurcido
zurcieres	hubieres	zurcido
zurciere	hubiere	zurcido
zurciéremos	hubiéremos	zurcido
zurciereis	hubiereis	zurcido
zurcieren	hubieren	zurcido

IMPERATIVO

Presente

zurce	tú
zurza	él
zurzamos	nosotros
zurcid	vosotros
zurzan	ellos

FORMAS NO PERSONALES

Infinitivo	Infinitivo compuesto
zurcir	haber zurcido

Gerundio	Gerundio compuesto
zurciendo	habiendo zurcido

Participio
zurcido

86 dirigir

—— INDICATIVO ——

Presente (Bello : Presente)	Pret. perf. comp. (Bello : Antepresente)	
dirijo	he	dirigido
diriges	has	dirigido
dirige	ha	dirigido
dirigimos	hemos	dirigido
dirigís	habéis	dirigido
dirigen	han	dirigido

Pret. imperf. (Bello : Copretérito)	Pret. pluscuamp. (Bello : Antecopretérito)	
dirigía	había	dirigido
dirigías	habías	dirigido
dirigía	había	dirigido
dirigíamos	habíamos	dirigido
dirigíais	habíais	dirigido
dirigían	habían	dirigido

Pret. perf. simple (Bello : Pretérito)	Pret. anterior (Bello : Antepretérito)	
dirigí	hube	dirigido
dirigiste	hubiste	dirigido
dirigió	hubo	dirigido
dirigimos	hubimos	dirigido
dirigisteis	hubisteis	dirigido
dirigieron	hubieron	dirigido

Futuro (Bello : Futuro)	Futuro perf. (Bello : Antefuturo)	
dirigiré	habré	dirigido
dirigirás	habrás	dirigido
dirigirá	habrá	dirigido
dirigiremos	habremos	dirigido
dirigiréis	habréis	dirigido
dirigirán	habrán	dirigido

Condicional (Bello : Pospretérito)	Condicional perf. (Bello : Antepospretérito)	
dirigiría	habría	dirigido
dirigirías	habrías	dirigido
dirigiría	habría	dirigido
dirigiríamos	habríamos	dirigido
dirigiríais	habríais	dirigido
dirigirían	habrían	dirigido

—— SUBJUNTIVO ——

Presente (Bello : Presente)	Pret. perf. (Bello : Antepresente)	
dirija	haya	dirigido
dirijas	hayas	dirigido
dirija	haya	dirigido
dirijamos	hayamos	dirigido
dirijáis	hayáis	dirigido
dirijan	hayan	dirigido

Pret. imperf. (Bello : Pretérito)	Pret. pluscuamp. (Bello : Antepretérito)	
dirigiera o dirigiese	hubiera o hubiese	dirigido
dirigieras o dirigieses	hubieras o hubieses	dirigido
dirigiera o dirigiese	hubiera o hubiese	dirigido
dirigiéramos o dirigiésemos	hubiéramos o hubiésemos	dirigido
dirigierais o dirigieseis	hubierais o hubieseis	dirigido
dirigieran o dirigiesen	hubieran o hubiesen	dirigido

Futuro (Bello : Futuro)	Futuro perf. (Bello : Antefuturo)	
dirigiere	hubiere	dirigido
dirigieres	hubieres	dirigido
dirigiere	hubiere	dirigido
dirigiéremos	hubiéremos	dirigido
dirigiereis	hubiereis	dirigido
dirigieren	hubieren	dirigido

—— IMPERATIVO ——

Presente

dirige	tú
dirija	él
dirijamos	nosotros
dirigid	vosotros
dirijan	ellos

—— FORMAS NO PERSONALES ——

Infinitivo	Infinitivo compuesto
dirigir	haber dirigido

Gerundio	Gerundio compuesto
dirigiendo	habiendo dirigido

Participio
dirigido

87 distinguir

INDICATIVO

Presente (Bello : Presente)	Pret. perf. comp. (Bello : Antepresente)	
distingo	he	distinguido
distingues	has	distinguido
distingue	ha	distinguido
distinguimos	hemos	distinguido
distinguís	habéis	distinguido
distinguen	han	distinguido

Pret. imperf. (Bello : Copretérito)	Pret. pluscuamp. (Bello : Antecopretérito)	
distinguía	había	distinguido
distinguías	habías	distinguido
distinguía	había	distinguido
distinguíamos	habíamos	distinguido
distinguíais	habíais	distinguido
distinguían	habían	distinguido

Pret. perf. simple (Bello : Pretérito)	Pret. anterior (Bello : Antepretérito)	
distinguí	hube	distinguido
distinguiste	hubiste	distinguido
distinguió	hubo	distinguido
distinguimos	hubimos	distinguido
distinguisteis	hubisteis	distinguido
distinguieron	hubieron	distinguido

Futuro (Bello : Futuro)	Futuro perf. (Bello : Antefuturo)	
distinguiré	habré	distinguido
distinguirás	habrás	distinguido
distinguirá	habrá	distinguido
distinguiremos	habremos	distinguido
distinguiréis	habréis	distinguido
distinguirán	habrán	distinguido

Condicional (Bello : Pospretérito)	Condicional perf. (Bello : Antepospretérito)	
distinguiría	habría	distinguido
distinguirías	habrías	distinguido
distinguiría	habría	distinguido
distinguiríamos	habríamos	distinguido
distinguiríais	habríais	distinguido
distinguirían	habrían	distinguido

SUBJUNTIVO

Presente (Bello : Presente)	Pret. perf. (Bello : Antepresente)	
distinga	haya	distinguido
distingas	hayas	distinguido
distinga	haya	distinguido
distingamos	hayamos	distinguido
distingáis	hayáis	distinguido
distingan	hayan	distinguido

Pret. imperf. (Bello : Pretérito)	Pret. pluscuamp. (Bello : Antepretérito)	
distinguiera	hubiera	
o distinguiese	o hubiese	distinguido
distinguieras	hubieras	
o distinguieses	o hubieses	distinguido
distinguiera	hubiera	
o distinguiese	o hubiese	distinguido
distinguiéramos	hubiéramos	
o distinguiésemos	o hubiésemos	distinguido
distinguierais	hubierais	
o distinguieseis	o hubieseis	distinguido
distinguieran	hubieran	
o distinguiesen	o hubiesen	distinguido

Futuro (Bello : Futuro)	Futuro perf. (Bello : Antefuturo)	
distinguiere	hubiere	distinguido
distinguieres	hubieres	distinguido
distinguiere	hubiere	distinguido
distinguiéremos	hubiéremos	distinguido
distinguiereis	hubiereis	distinguido
distinguieren	hubieren	distinguido

IMPERATIVO

Presente

distingue	tú
distinga	él
distingamos	nosotros
distinguid	vosotros
distingan	ellos

FORMAS NO PERSONALES

Infinitivo	Infinitivo compuesto
distinguir	haber distinguido

Gerundio	Gerundio compuesto
distinguiendo	habiendo distinguido

Participio
distinguido

88 delinquir

──── INDICATIVO ────

Presente (Bello : Presente)	Pret. perf. comp. (Bello : Antepresente)	
delinco	he	delinquido
delinques	has	delinquido
delinque	ha	delinquido
delinquimos	hemos	delinquido
delinquís	habéis	delinquido
delinquen	han	delinquido

Pret. imperf. (Bello : Copretérito)	Pret. pluscuamp. (Bello : Antecopretérito)	
delinquía	había	delinquido
delinquías	habías	delinquido
delinquía	había	delinquido
delinquíamos	habíamos	delinquido
delinquíais	habíais	delinquido
delinquían	habían	delinquido

Pret. perf. simple (Bello : Pretérito)	Pret. anterior (Bello : Antepretérito)	
delinquí	hube	delinquido
delinquiste	hubiste	delinquido
delinquió	hubo	delinquido
delinquimos	hubimos	delinquido
delinquisteis	hubisteis	delinquido
delinquieron	hubieron	delinquido

Futuro (Bello : Futuro)	Futuro perf. (Bello : Antefuturo)	
delinquiré	habré	delinquido
delinquirás	habrás	delinquido
delinquirá	habrá	delinquido
delinquiremos	habremos	delinquido
delinquiréis	habréis	delinquido
delinquirán	habrán	delinquido

Condicional (Bello : Pospretérito)	Condicional perf. (Bello : Antepospretérito)	
delinquiría	habría	delinquido
delinquirías	habrías	delinquido
delinquiría	habría	delinquido
delinquiríamos	habríamos	delinquido
delinquiríais	habríais	delinquido
delinquirían	habrían	delinquido

──── SUBJUNTIVO ────

Presente (Bello : Presente)	Pret. perf. (Bello : Antepresente)	
delinca	haya	delinquido
delincas	hayas	delinquido
delinca	haya	delinquido
delincamos	hayamos	delinquido
delincáis	hayáis	delinquido
delincan	hayan	delinquido

Pret. imperf. (Bello : Pretérito)	Pret. pluscuamp. (Bello : Antepretérito)	
delinquiera	hubiera	
o delinquiese	o hubiese	delinquido
delinquieras	hubieras	
o delinquieses	o hubieses	delinquido
delinquiera	hubiera	
o delinquiese	o hubiese	delinquido
delinquiéramos	hubiéramos	
o delinquiésemos	o hubiésemos	delinquido
delinquierais	hubierais	
o delinquieseis	o hubieseis	delinquido
delinquieran	hubieran	
o delinquiesen	o hubiesen	delinquido

Futuro (Bello : Futuro)	Futuro perf. (Bello : Antefuturo)	
delinquiere	hubiere	delinquido
delinquieres	hubieres	delinquido
delinquiere	hubiere	delinquido
delinquiéremos	hubiéremos	delinquido
delinquiereis	hubiereis	delinquido
delinquieren	hubieren	delinquido

──── IMPERATIVO ────

Presente

delinque	tú
delinca	él
delincamos	nosotros
delinquid	vosotros
delincan	ellos

──── FORMAS NO PERSONALES ────

Infinitivo	Infinitivo compuesto
delinquir	haber delinquido
Gerundio	Gerundio compuesto
delinquiendo	habiendo delinquido
Participio	
delinquido	

89 prohibir

———— INDICATIVO ————

Presente (Bello : Presente)	Pret. perf. comp. (Bello : Antepresente)
prohíbo	he prohibido
prohíbes	has prohibido
prohíbe	ha prohibido
prohibimos	hemos prohibido
prohibís	habéis prohibido
prohíben	han prohibido

Pret. imperf. (Bello : Copretérito)	Pret. pluscuamp. (Bello : Antecopretérito)
prohibía	había prohibido
prohibías	habías prohibido
prohibía	había prohibido
prohibíamos	habíamos prohibido
prohibíais	habíais prohibido
prohibían	habían prohibido

Pret. perf. simple (Bello : Pretérito)	Pret. anterior (Bello : Antepretérito)
prohibí	hube prohibido
prohibiste	hubiste prohibido
prohibió	hubo prohibido
prohibimos	hubimos prohibido
prohibisteis	hubisteis prohibido
prohibieron	hubieron prohibido

Futuro (Bello : Futuro)	Futuro perf. (Bello : Antefuturo)
prohibiré	habré prohibido
prohibirás	habrás prohibido
prohibirá	habrá prohibido
prohibiremos	habremos prohibido
prohibiréis	habréis prohibido
prohibirán	habrán prohibido

Condicional (Bello : Pospretérito)	Condicional perf. (Bello : Antepospretérito)
prohibiría	habría prohibido
prohibirías	habrías prohibido
prohibiría	habría prohibido
prohibiríamos	habríamos prohibido
prohibiríais	habríais prohibido
prohibirían	habrían prohibido

———— SUBJUNTIVO ————

Presente (Bello : Presente)	Pret. perf. (Bello : Antepresente)
prohíba	haya prohibido
prohíbas	hayas prohibido
prohíba	haya prohibido
prohibamos	hayamos prohibido
prohibáis	hayáis prohibido
prohíban	hayan prohibido

Pret. imperf. (Bello : Pretérito)	Pret. pluscuamp. (Bello : Antepretérito)
prohibiera o prohibiese	hubiera o hubiese prohibido
prohibieras o prohibieses	hubieras o hubieses prohibido
prohibiera o prohibiese	hubiera o hubiese prohibido
prohibiéramos o prohibiésemos	hubiéramos o hubiésemos prohibido
prohibierais o prohibieseis	hubierais o hubieseis prohibido
prohibieran o prohibiesen	hubieran o hubiesen prohibido

Futuro (Bello : Futuro)	Futuro perf. (Bello : Antefuturo)
prohibiere	hubiere prohibido
prohibieres	hubieres prohibido
prohibiere	hubiere prohibido
prohibiéremos	hubiéremos prohibido
prohibiereis	hubiereis prohibido
prohibieren	hubieren prohibido

———— IMPERATIVO ————

Presente

prohíbe	tú
prohíba	él
prohibamos	nosotros
prohibid	vosotros
prohíban	ellos

———— FORMAS NO PERSONALES ————

Infinitivo prohibir	Infinitivo compuesto haber prohibido
Gerundio prohibiendo	Gerundio compuesto habiendo prohibido
Participio prohibido	

90 reunir

INDICATIVO

Presente (Bello : Presente)	Pret. perf. comp. (Bello : Antepresente)	
reúno	he	reunido
reúnes	has	reunido
reúne	ha	reunido
reunimos	hemos	reunido
reunís	habéis	reunido
reúnen	han	reunido

Pret. imperf. (Bello : Copretérito)	Pret. pluscuamp. (Bello : Antecopretérito)	
reunía	había	reunido
reunías	habías	reunido
reunía	había	reunido
reuníamos	habíamos	reunido
reuníais	habíais	reunido
reunían	habían	reunido

Pret. perf. simple (Bello : Pretérito)	Pret. anterior (Bello : Antepretérito)	
reuní	hube	reunido
reuniste	hubiste	reunido
reunió	hubo	reunido
reunimos	hubimos	reunido
reunisteis	hubisteis	reunido
reunieron	hubieron	reunido

Futuro (Bello : Futuro)	Futuro perf. (Bello : Antefuturo)	
reuniré	habré	reunido
reunirás	habrás	reunido
reunirá	habrá	reunido
reuniremos	habremos	reunido
reuniréis	habréis	reunido
reunirán	habrán	reunido

Condicional (Bello : Pospretérito)	Condicional perf. (Bello : Antepospretérito)	
reuniría	habría	reunido
reunirías	habrías	reunido
reuniría	habría	reunido
reuniríamos	habríamos	reunido
reuniríais	habríais	reunido
reunirían	habrían	reunido

SUBJUNTIVO

Presente (Bello : Presente)	Pret. perf. (Bello : Antepresente)	
reúna	haya	reunido
reúnas	hayas	reunido
reúna	haya	reunido
reunamos	hayamos	reunido
reunáis	hayáis	reunido
reúnan	hayan	reunido

Pret. imperf. (Bello : Pretérito)	Pret. pluscuamp. (Bello : Antepretérito)	
reuniera	hubiera	
o reuniese	o hubiese	reunido
reunieras	hubieras	
o reunieses	o hubieses	reunido
reuniera	hubiera	
o reuniese	o hubiese	reunido
reuniéramos	hubiéramos	
o reuniésemos	o hubiésemos	reunido
reunierais	hubierais	
o reunieseis	o hubieseis	reunido
reunieran	hubieran	
o reuniesen	o hubiesen	reunido

Futuro (Bello : Futuro)	Futuro perf. (Bello : Antefuturo)	
reuniere	hubiere	reunido
reunieres	hubieres	reunido
reuniere	hubiere	reunido
reuniéremos	hubiéremos	reunido
reuniereis	hubiereis	reunido
reunieren	hubieren	reunido

IMPERATIVO

Presente

reúne	tú
reúna	él
reunamos	nosotros
reunid	vosotros
reúnan	ellos

FORMAS NO PERSONALES

Infinitivo reunir	Infinitivo compuesto haber reunido
Gerundio reuniendo	Gerundio compuesto habiendo reunido
Participio reunido	

Índice alfabético de verbos

(los números indican los cuadros de conjugación del modelo)

Se utilizan las siguientes abreviaturas :
[defect.] = verbo defectivo
[unipers.] = verbo unipersonal
[part. irreg.] = participio irregular
[dos part.] = dos participios

En los apéndices al final del libro aparecen listas alfabéticas de los verbos con algunas de estas características.

a

abrevar	3	acanastillar	3	aciberar	3
abreviar	3	acancerarse	3	acicalar	3
abribonarse	3	acanchar	3	acicatear	3
abrigar	72	acandilar	3	acidificar	71
abrillantar	3	acantarar	3	acidular	3
abriolar	3	acantilar	3	aciguatar	3
abrir [part. irreg.]	5	acantonar	3	acincelar	3
abrocalar	3	acanutar	3	acingar	72
abrochar	3	acanutillar	3	aclamar	3
abrogar	72	acaparar	3	aclarar	3
abromar	3	acaparrarse	3	aclarecer	35
abroncar	71	acapullarse	3	aclavelarse	3
abroquelar	3	acaracolarse	3	aclimatar	3
abrumar	3	acaramelar	3	aclocar	60
abrutar	3	acardenalar	3	acobardar	3
absolver	21	acarear	3	acocarse	71
absorber [dos part.]	4	acariciar	3	acocear	3
abstenerse	15	acarminar	3	acocotar	3
absterger	84	acarnerar	3	acochambrar	3
abstraer [dos part.]	51	acarralarse	3	acocharse	3
abuchear	3	acarrear	3	acochinar	3
abultar	3	acarroñarse	3	acodalar	3
abundar	3	acartonar	3	acodar	3
abuñolar	19	acasamatar	3	acoderar	3
abuñuelar	3	acaserarse	3	acodiciar	3
aburguesarse	3	acatar	3	acodillar	3
aburilar	3	acatarrar	3	acoger	84
aburrarse	3	acatastrar	3	acogollar	3
aburrir	5	acaudalar	3	acogotar	3
abusar	3	acaudillar	3	acohombrar	3
acaballar	3	acceder	4	acojinar	3
acaballerar	3	accidentalizar	73	acojonar	3
acaballonar	3	accidentar	3	acolar	3
acabañar	3	accionar	3	acolchar	3
acabar	3	acebollarse	3	acolchonar	3
acabestrarse	3	acecinar	3	acolgajar	3
acabestrillar	3	acochar	3	acolitar	3
acabildar	3	acedar	3	acollar	19
acachetar	3	aceitar	3	acollarar	3
acachetear	3	acelerar	3	acollonar	3
academizar	73	acendrar	3	acombar	3
acadenillar	3	acenefar	3	acomedir	6
acaecer [defect.]	35	acensuar	76	acometer	4
acalabazarse	73	acentuar	76	acomodar	3
acalabrotar	3	acepar	3	acompañar	3
acalambrarse	3	acepillar	3	acompasar	3
acalandrar	3	aceptar	3	acomplejar	3
acalenturarse	3	acequiar	3	acomunar	3
acalorar	3	acerar	3	aconchabarse	3
acallar	3	acercar	71	aconchar	3
acamalar	3	acerrar	11	acondicionar	3
acamaleonarse	3	acerrojar	3	acongojar	3
acamar	3	acertar	11	aconsejar	3
acamastronarse	3	acervar	3	aconsonantar	3
acamellonar	3	acestonar	3	acontecer [defect.]	35
acampanar	3	acetificar	71	acopar	3
acampar	3	acetrinar	3	acopejar	3
acanalar	3	acezar	73	acopetar	3
acanallar	3	acibarar	3	acopiar	3

citar	3	coeditar	3	comediar	3
civilizar	73	coercer	83	comedir	6
cizallar	3	coexistir	5	comentar	3
cizañar	3	coextenderse	13	comenzar	64
cizañear	3	coger	84	comer	4
clamar	3	cogestionar	3	comercializar	73
clamorear	3	cogollar	3	comerciar	3
clarar	3	cohabitar	3	cometer	4
clarear [unipers.]	3	cohechar	3	cominear	3
clarecer [unipers.]	35	coheredar	3	comiquear	3
clarificar	71	cohesionar	3	comisar	3
clasificar	71	cohibir	89	comiscar	71
claudicar	71	cohobar	3	comisionar	3
claustrar	3	cohombrar	3	comisquear	3
clausular	3	cohonestar	3	compactar	3
clausurar	3	coimear	3	compadecer	35
clavar	3	coincidir	5	compadrar	3
clavetear	3	coindicar	71	compadrear	3
climatizar	73	cojear	3	compaginar	3
clisar	3	colaborar	3	comparar	3
clocar	60	colacionar	3	comparecer	35
cloquear	3	colapsar	3	compartir	5
cloroformar	3	colar	19	compasar	3
cloroformizar	73	colchar	3	compatibilizar	73
clorurar	3	colear	3	compeler [dos part.]	4
coaccionar	3	coleccionar	3	compendiar	3
coacervar	3	colectar	3	compendizar	73
coactar	3	colectivizar	73	compenetrarse	3
coacusar	3	colegiarse	3	compensar	3
coadministrar	3	colegir	67	competer	4
coadquirir	30	colerizar	73	competir	6
coadunar	3	coletear	3	compilar	3
coadyuvar	3	colgar	61	complacer	35
coagular	3	colicuar	76	complementar	3
coalicionar	3	colicuecer	35	completar	3
coaligar	72	coligar	72	complicar	71
coarrendar	11	colimar	3	complotar	3
coartar	3	colindar	3	componer	16
coasociarse	3	colisionar	3	comportar	3
cobaltar	3	colitigar	72	comprar	3
cobardear	3	colmar	3	comprender	4
cobear	3	colmatar	3	comprimir [dos part.]	5
cobijar	3	colmenear	3	comprobar	19
cobrar	3	colocar	71	comprometer	4
cobrear	3	colonizar	73	compulsar	3
cocainizar	73	colorar	3	compungir	86
cocar	71	colorear	3	compurgar	72
cocarar	3	colorir [defect.]	70	computadorizar	73
cocear	3	coludir	5	computar	3
cocer	23	columbear	3	computarizar	73
cocinar	3	columbrar	3	computerizar	73
cocinear	3	columpiar	3	comulgar	72
cochear	3	comadrear	3	comunicar	71
cochinear	3	comandar	3	concadenar	3
codear	3	comanditar	3	concatenar	3
codiciar	3	comarcar	71	concebir	6
codificar	71	combar	3	conceder	4
codillear	3	combatir	5	concelebrar	3
codirigir	86	combinar	3	concentrar	3

130

desaforar	19	desapañar	3	desatancar	71
desagarrar	3	desaparear	3	desatar	3
desagraciar	3	desaparecer	35	desatascar	71
desagradar	3	desaparejar	3	desataviar	75
desagradecer	35	desaparroquiar	3	desatender	13
desagraviar	3	desapartar	3	desatentar	11
desagregar	72	desapasionar	3	desaterrar	11
desaguar	77	desapegar	72	desatesorar	3
desaguazar	73	desapercibirse	5	desatinar	3
desaherrojar	3	desapestar	3	desatolondrar	3
desahijar	78	desapiolar	3	desatollar	3
desahitarse	78	desaplicar	71	desatontarse	3
desahogar	72	desaplomar	3	desatorar	3
desahuciar	3	desapoderar	3	desatornillar	3
desahumar	82	desapolillar	3	desatracar	71
desairar	78	desaporcar	60	desatraillar	78
desaislar	78	desaposentar	3	desatrampar	3
desajustar	3	desapoyar	3	desatrancar	71
desalabar	3	desapreciar	3	desatufarse	3
desalabear	3	desaprender	4	desaturdir	5
desalar	3	desaprestar	3	desautorizar	3
desalbardar	3	desapretar	11	desavenir	18
desalentar	11	desaprisionar	3	desaviar	75
desalfombrar	3	desaprobar	19	desavisar	3
desalforjar	3	desapropiar	3	desayudar	3
desalhajar	3	desaprovechar	3	desayunar	3
desalinear	3	desapuntalar	3	desazogar	72
desalinizar	73	desapuntar	3	desazonar	3
desaliñar	3	desarbolar	3	desazufrar	3
desalivar	3	desarenar	3	desbabar	3
desalmar	3	desarmar	3	desbagar	72
desalmenar	3	desarmonizar	73	desbalagar	72
desalmidonar	3	desaromatizar	73	desbambarse	3
desalojar	3	desarraigar	72	desbancar	71
desalquilar	3	desarrajar	3	desbandarse	3
desalquitranar	3	desarrancarse	71	desbarajustar	3
desalterar	3	desarrebozar	73	desbaratar	3
desamar	3	desarrebujar	3	desbarbar	3
desamarrar	3	desarreglar	3	desbarbillar	3
desamartelar	3	desarrendar (de *rienda*)	3	desbardar	3
desambientar	3	desarrendar (de *arriendo*)	11	desbarnizar	73
desamoblar	19	desarrimar	3	desbarrancar	71
desamoldar	3	desarrinconar	3	desbarrar	3
desamontonar	3	desarrollar	3	desbarrigar	72
desamortajar	3	desarropar	3	desbastar	3
desamortizar	73	desarrugar	72	desbautizar	73
desamotinarse	3	desarrumar	3	desbeber	4
desamparar	3	desarticular	3	desbecerrar	3
desamueblar	3	desartillar	3	desbenzolar	3
desanclar	3	desarzonar	3	desbloquear	3
desancorar	3	desasear	3	desbocar	71
desandar	59	desasegurar	3	desbolar	3
desangrar	3	desasentar	11	desboquillar	3
desanidar	3	desasir	41	desbordar	3
desanimar	3	desasistir	5	desborrar	3
desanublar	3	desasnar	3	desboscar	71
desanudar	3	desasociar	3	desbotonar	3
desaojar	3	desasosegar	11	desbravar	3
desapadrinar	3	desatacar	71	desbravecer	35

134

emballenar	3	emborrar	3	empanar	3
embanastar	3	emborrascar	71	empandar	3
embancarse	71	emborrazar	73	empandillar	3
embanderar	3	emborricarse	71	empantanar	3
embanquetar	3	emborrizar	73	empanturrarse	3
embarazar	73	emborronar	3	empanzarse	73
embarbascarse	71	emborrullarse	3	empañar	3
embarbecer	35	emboscar	71	empañetar	3
embarbillar	3	embosquecer	35	empapar	3
embarcar	71	embotar	3	empapelar	3
embardar	3	embotellar	3	empapirotar	3
embargar	72	emboticarse	71	empapujar	3
embarnecer	35	embotijar	3	empaquetar	3
embarnizar	73	embotonar	3	emparamarse	3
embarrancar	71	embovedar	3	emparchar	3
embarrar	3	embozalar	3	empardar	3
embarrialarse	3	embozar	73	emparedar	3
embarrilar	3	embragar	72	emparejar	3
embarrotar	3	embramar	3	emparentar	11
embarullar	3	embravar	3	emparrandarse	3
embastar	3	embravecer	35	emparrar	3
embastecer	35	embrazar	73	emparrillar	3
embaucar	71	embrear	3	emparvar	3
embaular	82	embregarse	72	empastar	3
embazar	73	embreñarse	3	empastelar	3
embebecer	35	embretar	3	empatar	3
embeber	4	embriagar	72	empavar	3
embejucar	71	embridar	3	empavesar	3
embelecar	71	embrocar	71	empavonar	3
embeleñar	3	embrollar	3	empavorecer	35
embelesar	3	embromar	3	empecer	35
embellaquecer	35	embroquelarse	3	empecinarse	3
embellecarse	71	embroquetar	3	empedarse	3
embellecer	35	embrozar	73	empedernecer	35
embermejar	3	embrujar	3	empedernir [defect.]	70
embermejecer	35	embrutecer	35	empedrar	11
emberrenchinarse	3	embuchar	3	empegar	72
emberrincharse	3	embudar	3	empeguntar	3
embestir	6	embullar	3	empelar	3
embetunar	3	emburujar	3	empelechar	3
embicar	71	embustear	3	empelotarse	3
embijar	3	embutir	5	empellar	3
embizcar	71	emerger	84	empellejar	3
emblandecer	35	emigrar	3	empeller	7
emblanquecer	35	emitir	5	empenachar	3
embobar	3	emocionar	3	empeñar	3
embobecer	35	empacar	71	empeñolarse	3
embobinar	3	empachar	3	empeorar	3
embocar	71	empadrarse	3	empequeñecer	35
embocinarse	3	empadronar	3	empercudir	5
embochinchar	3	empajar	3	emperchar	3
embodegar	72	empajolar	19	emperdigar	72
embojar	3	empalagar	72	emperejilar	3
embolar	3	empalar	3	emperezar	73
embolatar	3	empalizar	73	empergaminar	3
embolismar	3	empalmar	3	empericar	71
embolsar	3	empalomar	3	emperifollar	3
emboquillar	3	empampanarse	3	empernar	3
emborrachar	3	empamparse	3	emperrarse	3

143

150

153

ñ

n

APÉNDICES

I Lista de verbos defectivos

USO

ABARSE
: formas no personales.
imperativo : 2ª pers. sing. y pl.

ABOLIR
: formas no personales.
indicativo : todos los tiempos simples y compuestos, pero del presente sólo las 1ª y 2ª pers. pl.
subjuntivo : pret. imperf., pret. pluscuamp., futuro y futuro perfecto.
imperativo : sólo la 2ª pers. pl.

ACAECER
: formas no personales y las 3ª pers. sing. y pl. de cada uno de los tiempos.

ACONTECER
: formas no personales y las 3ª pers. sing. y pl. de cada uno de los tiempos.

ADIR
: sólo las formas no personales.

AGREDIR
: igual que *abolir.*

AGUERRIR
: igual que *abolir.*

APLACER
: formas no personales y las 3ª pers. sing. y pl. del presente y del pret. imperf. de indicativo.

ARRECIRSE
: igual que *abolir.*

ATAÑER
: formas no personales y las 3ª pers. sing. y pl. de cada uno de los tiempos.

ATERIRSE
: igual que *abolir.*

BALBUCIR
: no se usa en la 1ª pers. sing. del presente de indicativo ni en el presente de subjuntivo.

BLANDIR
: igual que *abolir.*

COLORIR
: igual que *abolir.*

CONCERNIR
: formas no personales.
indicativo : 3ª pers. sing. y pl. del presente y del pret. imperf.
subjuntivo : 3ª pers. sing. y pl. del presente.

DENEGRIR
: sólo en las formas no personales.

DESCOLORIR
: sólo el participio y el infinitivo.

DESGUARNIR
: igual que *abolir.*

DESPAVORIR
: igual que *abolir.*

EMBAÍR
: igual que *abolir*, pero se conjuga como indicado en el cuadro 69.

EMPEDERNIR
: igual que *abolir.*

GARANTIR
: igual que *abolir.* (En América no es defectivo.)

GUARNIR	igual que *abolir.*
INCOAR	lo mismo que *abolir,* pero se conjuga como *amar.*
INCUMBIR	formas no personales y las 3ª pers. sing. y pl. de cada uno de los tiempos.
MANIR	igual que *abolir.*
POLIR	igual que *abolir.*
PRETERIR	igual que *abolir;* formas no personales.
SOLER	indicativo : presente, pret. imperf., pret. perf. simple y compuesto. subjuntivo : presente.
TRANSGREDIR	igual que *abolir.*
USUCAPIR	sólo en las formas no personales.

II Lista de verbos unipersonales

ALBOREAR	DESCAMPAR	OBSCURECER
AMANECER	DESHELAR	ORVALLAR
ANOCHECER	DILUVIAR	OSCURECER
ATARDECER	ESCAMPAR	RELAMPAGUEAR
ATENEBRARSE	ESCARCHAR	RETRONAR
ATRONAR	GARUAR	RIELAR
CELLISQUEAR	GRANIZAR	RUTILAR
CENTELLAR	HELAR	TARDECER
CENTELLEAR	LOBREGUECER	TEMPESTEAR
CLAREAR	LLOVER	TONAR
CLARECER	LLOVIZNAR	TRONAR
CORUSCAR	MOLLIZNAR	VENTAR
CHAPARREAR	MOLLIZNEAR	VENTEAR
CHISPEAR	NEVAR	VENTISCAR
CHUBASQUEAR	NEVISCAR	VENTISQUEAR

III Verbos regulares
con un participio irregular

En la lista general de verbos que precede se han señalado algunos verbos que coinciden con el modelo de conjugación regular, pero con la excepción del participio. He aquí la lista de estos verbos :

ABRIR	abierto	MANUSCRIBIR	manuscrito
ADSCRIBIR	adscrito	PRESCRIBIR	prescrito
CUBRIR	cubierto	PROSCRIBIR	proscrito
DESCRIBIR	descrito	REABRIR	reabierto
DESCUBRIR	descubierto	RECUBRIR	recubierto
ENCUBRIR	encubierto	RESCRIBIR	rescrito
ENTREABRIR	entreabierto	ROMPER	roto
ESCRIBIR	escrito	SUSCRIBIR	suscrito
INSCRIBIR	inscrito	TRANSCRIBIR	transcrito

En algunos países de la América de lengua española se conserva aún la *p* arcaica de determinados participios (*adscripto, prescripto, proscripto, suscripto*, etc.).

Cabe señalar además que la irregularidad de ciertos verbos se ve también reflejada en los participios de éstos :

ABSOLVER	absuelto	PUDRIR	podrido
DECIR	dicho	RAREFACER	rarefacto
DISOLVER	disuelto	RESOLVER	resuelto
HACER	hecho	SATISFACER	satisfecho
LICUEFACER	licuefacto	TUMEFACER	tumefacto
MORIR	muerto	VER	visto
PONER	puesto	VOLVER	vuelto

Iguales características tienen los derivados correspondientes (*anteponer, contradecir, desenvolver, deshacer, devolver, disponer, entrever, envolver, exponer, imponer, oponer, posponer, prever, proponer, rehacer, reponer, revolver, superponer, suponer, yuxtaponer*, etc.), con la excepción de *bendecir* y *maldecir*, que pertenecen al grupo de verbos con dos participios cuya lista va a continuación.

IV Verbos con dos participios

Una serie de verbos castellanos se caracteriza por tener dos participios, uno regular y otro irregular, este último tomado del latín de modo más directo. No obstante, para la formación de los tiempos compuestos se utilizan generalmente los regulares (con las excepciones de *frito, impreso* y *provisto*), quedando los irregulares en función adjetiva. Por ejemplo, *el profesor no ha* CORREGIDO, *todavía los ejercicios,* pero *el ejercicio resulta* CORRECTO.

Los principales verbos con dos participios son los siguientes :

	regular	*irregular*
ABSORBER	absorbido	absorto
ABSTRAER	abstraído	abstracto
AFLIGIR	afligido	aflicto
AHITAR	ahitado	ahíto
ATENDER	atendido	atento
BENDECIR	bendecido	bendito
BIENQUERER	bienquerido	bienquisto
CIRCUNCIDAR	circuncidado	circunciso
COMPELER	compelido	compulso
COMPRIMIR	comprimido	compreso
CONCLUIR	concluido	concluso
CONFESAR	confesado	confeso
CONFUNDIR	confundido	confuso
CONSUMIR	consumido	consunto
CONTUNDIR	contundido	contuso
CONVENCER	convencido	convicto
CONVERTIR	convertido	converso
CORREGIR	corregido	correcto
CORROMPER	corrompido	corrupto
DESPERTAR	despertado	despierto

DESPROVEER	desproveído	desprovisto
DIFUNDIR	difundido	difuso
DIVIDIR	dividido	diviso
ELEGIR	elegido	electo
ENJUGAR	enjugado	enjuto
EXCLUIR	excluido	excluso
EXIMIR	eximido	exento
EXPELER	expelido	expulso
EXPRESAR	expresado	expreso
EXTENDER	extendido	extenso
EXTINGUIR	extinguido	extinto
FIJAR	fijado	fijo
FREÍR	freído	frito
HARTAR	hartado	harto
IMPRIMIR	imprimido (p. us.)	impreso
INCLUIR	incluido	incluso
INCURRIR	incurrido	incurso
INFUNDIR	infundido	infuso
INJERTAR	injertado	injerto
INSERTAR	insertado	inserto
INVERTIR	invertido	inverso
JUNTAR	juntado	junto
MALDECIR	maldecido	maldito
MALQUERER	malquerido	malquisto
MANIFESTAR	manifestado	manifiesto
MANUMITIR	manumitido	manumiso
NACER	nacido	nato
OPRIMIR	oprimido	opreso
POSEER	poseído	poseso
PRENDER	prendido	preso
PRESUMIR	presumido	presunto
PRETENDER	pretendido	pretenso
PROPENDER	propendido	propenso
PROVEER	proveído	provisto
RECLUIR	recluido	recluso
RETORCER	retorcido	retuerto
SALPRESAR	salpresado	salpreso
SALVAR	salvado	salvo
SEPELIR	sepelido	sepulto
SEPULTAR	sepultado	sepulto
SOFREÍR	sofreído	sofrito
SOLTAR	soltado	suelto
SUBSTITUIR	substituido	substituto
SUJETAR	sujetado	sujeto
SUSPENDER	suspendido	suspenso
SUSTITUIR	sustituido	sustituto
TEÑIR	teñido	tinto
TORCER	torcido	tuerto
TORREFACTAR	torrefactado	torrefacto

V Consideraciones acerca del tratamiento

En el párrafo 4 del apartado *Conjugación* se han señalado las tres personas gramaticales, tanto del singular como del plural, con el empleo de cada una de ellas. No obstante, cabe advertir que en la práctica se producen unos fenómenos de cambio y sustitución de aquéllas. Así, por ejemplo, cuando un profesor inicia la clase con la conocida frase *decíamos ayer*, está usando el verbo en plural, cuando en estricta lógica debería hacerlo en singular *(yo decía ayer)*. Esta forma también la utilizan a veces oradores y escritores al querer expresarse con cierta modestia *(deseamos darles un consejo que nos ha dictado nuestra propia experiencia)*. Del mismo modo, cuando nos dirigimos a alguien debemos emplear la segunda persona del singular y, sin embargo, lo hacemos en algunos casos con la primera persona del plural : *¡Buenos días, querido amigo, cuánto madrugamos!*, que equivale a *¡Buenos días, querido amigo, cuánto madrugas!*

Existen mayores alteraciones en la conjugación a causa del *tratamiento*, es decir, la manera especial de dirigirse a personas a las que se debe respeto, acatamiento o reverencia.

Tuteo

El *tuteo*, manera familiar de tratarse dos o varias personas, consiste en el uso del pronombre *tú* en la 2ª pers. del sing. y de *vosotros (-as)* en la 2ª pers. del pl., con la desinencia verbal correspondiente. El esquema que sigue, ilustrado con cortos ejemplos, dará una idea más clara de lo que queremos expresar :

	NOMINATIVO	DATIVO Y ACUSATIVO	CASO PREPOSICIONAL
SINGULAR	*tú* amas	*te* amo	voy *contigo ;* estoy contra *ti*
PLURAL	*vosotros (-as)* amáis	*os* amo	voy con *vosotros (-as) ;* estoy contra *vosotros (-as)*

Este esquema existe en España desde los orígenes del castellano hasta nuestros días, con algunas variantes en zonas muy localizadas. Así, el nominativo plural *(vosotros, -as)* se convierte en *ustedes* en el habla de extensas partes de Andalucía y América *(ustedes tenéis la culpa)*. Una solución intermedia, que pretende atenuar la connotación algo popular de esto, consiste en el empleo de la 3ª persona verbal, uso que es también frecuente en Canarias *(ustedes tienen la culpa)*. En esas áreas, ha desaparecido prácticamente, por tanto, el uso de los pronombres de 2ª persona del plural *(vosotros, -as)*.

No pueden darse reglas muy estrictas acerca del uso del tuteo, ya que esto depende de muy variadas circunstancias sociales, geográficas, de costumbre, etc. Cabe señalar, no obstante, que es la manera habitual de hablar con familiares y amigos, entre la gente joven o entre aquellos que tienen la misma profesión, siempre que la diferencia de edad entre estos últimos no sea excesiva. Para dirigirse a una persona que se tutea, lo normal es hacerlo por su nombre de pila, aunque también, y con un grado menor de intimidad, puede hacerse con el apellido. Las áreas urbanas son más propensas al uso del tuteo que las rurales, y dentro de ellas las clases altas y medias altas son más permeables a la clara tendencia moderna de restringir cada vez más el uso del *usted* en beneficio del *tú*. Además de los casos citados, el tuteo se emplea en la lengua literaria cuando se refiere uno a entes irreales, a los espíritus, a Dios y a los santos, a las divinidades gentiles, a las cosas presentes o ausentes en la invocación (*¡España, tus costumbres ancestrales y tu respeto al honor!*). También se suele utilizar el *tú* en expresiones de enojo o en frases pronunciadas para echar maldiciones (*¡tú, mi supuesto protector, degenerado bastardo de un padre abyecto!*).

Tratamiento de respeto con *usted*

El moderno tratamiento de respeto consiste en la utilización del pronombre personal *usted (-es)* para ambos géneros junto a la tercera persona verbal. En el siguiente cuadro se sintetiza su uso, sin que falten ejemplos para que el lector pueda captar sin dificultad el funcionamiento.

	NOMINATIVO	DATIVO	ACUSATIVO	CASO PREPOSICIONAL
SINGULAR	*usted* ama	*le* digo ; *se* lo digo	*lo (le)* amo *la* amo	voy con *usted*
PLURAL	*ustedes* aman	*les* digo ; *se* lo digo	*los (les)* amo *las* amo	voy con *ustedes*

El origen del tratamiento de *usted* hay que buscarlo hacia el siglo XVI, cuando la primitiva fórmula, *vos,* para un solo destinatario y verbo en 2ª del plural, empezó a sustituirse poco a poco por el tratamiento de *vuestra merced* con el verbo en 3ª persona. De este modo se aludía de una manera indirecta al destinatario del discurso, lo que obligaba a ese desplazamiento verbal (*vuestra merced* TIENE *la palabra*). Este tratamiento alcanzó tal difusión que pronto *vos* se convirtió en una fórmula no respetuosa que desapareció del habla de España, aunque se mantuvo en algunas zonas del continente americano donde hoy perdura y convive con el *tú*. Este fenómeno se conoce con el nombre de *voseo* y lo estudiaremos más adelante.

La frecuencia de uso redujo el *vuestra merced* a *usted* y este tratamiento se aplicó a los que carecían de títulos nobiliarios, cargos o preeminencias. En la actualidad esta fórmula es fundamental en la vida de relación española, a pesar de que su empleo sea menos frecuente en los últimos tiempos, tal como hemos explicado anteriormente. En ciertos casos se ha impuesto incluso al tuteo que antes era de rigor, como por ejemplo cuando nos dirigimos al personal doméstico o a los que realizan algunos trabajos manuales (peluqueros, camareros, limpiabotas, etc.).

El tratamiento de *usted* lleva consigo el uso del nombre de pila (precedido o no del *Don,* según el grado de respeto) o el del apellido, generalmente anteponiendo la palabra *Señor*. Todo esto está lleno de matices que, por otro lado, no suelen escapar al hablante. En líneas generales, en España está más extendido el uso del *Don* con el nombre de pila, aunque la tendencia actual parece que es de retroceso, mientras que en América predomina la fórmula *Señor + apellido*.

Otros tratamientos

Además del *tú* y el *usted,* existe toda una serie de tratamientos que desbordan los límites de este libro. Entre los más conocidos podemos señalar los de *Majestad* para un soberano, *Alteza Real* para un príncipe o princesa de sangre, *Santidad* para el Papa, *Eminencia* para un cardenal, *Excelencia* para los jefes de Estado, presidentes de la República, ministros, gobernadores, embajadores, etc., con variantes según los países. Estas fórmulas deben ir seguidas de la 3ª persona verbal. La referencia gramatical a la 2ª persona la realiza el pronombre posesivo que completa siempre al sustantivo abstracto *(Vuestra Majestad, Vuestra Excelencia).* Cabe señalar, sin embargo, que se puede utilizar asimismo el adjetivo posesivo de tercera persona *(Su Majestad, Su Excelencia)* y que el antiguo tratamiento con *vos* seguido del verbo en la 2ª persona del plural es también usual.

Veamos unos cuantos ejemplos del tratamiento que, según el protocolo vigente, hay que aplicar a la persona del Rey : *me presento ante* VUESTRA MAJESTAD *para* TESTIMONIAROS *mi adhesión; esta Constitución,* SEÑOR, *es la gran obra de* VUESTRO *reinado;* VOS ENCARNÁIS *la primera magistratura del Estado.*

Voseo

El *voseo,* término que se aplica al empleo de *vos* para un solo destinatario, era una antigua fórmula que se utilizaba al dirigirse a personas merecedoras de gran respeto para diferenciarlas en el tratamiento de las consideradas como inferiores o con las cuales se tenía mucha confianza. Este uso fue sustituido bastante tiempo después del Siglo de Oro, en la lengua escrita y hablada, por el de *usted,* contracción de *vuestra merced,* como se ha visto anteriormente. El *vos* adquirió de este modo, en España y en varias partes de América, un sabor arcaico, aunque se conservó para invocar a Dios o a los santos. Si bien se juzga como familiar, el *voseo* continúa existiendo en los territorios de la Argentina y en ciertas áreas de Centroamérica, con algunas variantes entre sí. Esta forma pronominal es desconocida en México, Cuba, Puerto Rico, Colombia, Venezuela, Bolivia, Ecuador, Chile, Panamá, Perú y Santo Domingo. En Uruguay se alterna el uso de *vos* y de *tú.*

Las formas verbales asociadas a *vos* para un solo destinatario son, para el presente y el pretérito perfecto simple de indicativo, plurales sin diptongar como *sabés, cantás, tenés, matastes* (sabéis, cantáis, tenéis, matasteis). Los imperativos son de la forma *decí, llegá, tené* (decid, llegad, tened). En los imperfectos de indicativo y subjuntivo se emplean los singulares *(sabías, supieras),* mientras que en los demás tiempos existe vacilación entre el singular y el plural. Los posesivos y pronombres personales utilizados son los de 2ª persona del singular *(tu, tuyo, tuyos; te),* excepto en los casos nominativo y preposicional *(vos),* como se observa en el ejemplo *vos cantás tu canción preferida.*

Existe una relación evidente entre el uso del *voseo* y la mayor o menor influencia española durante el período colonial. Así, el uso peninsular se ha mantenido en las antiguas cortes virreinales, como Perú y México, y también en territorios donde el dominio fue más intenso, como Cuba, Puerto Rico y Santo Domingo. En cualquier caso, allí donde el *voseo* tiene vigencia, hay que señalar su perfecta convivencia con las fórmulas españolas de tratamiento, lo que se debe, sin duda, al mayor prestigio literario del *tú* y a la crítica de aquella forma dialectal que han llevado a cabo prestigiosos gramáticos y escritores americanos.

Impression Jean-Lamour/Nancy
Relié par Brun S.A. - 45330 Malesherbes